バカとつき合うな

堀江貴文
西野亮廣

徳間書店

はじめに

堀江貴文

あなたはいま何歳ですか？

どこにいて、なにをしていますか？

いまは西暦何年ですか？

あなたはいま、自由ですか？

あなたは自由であるべきだ。

なのにもし、あなたがいま自由でないとしたら、その理由は簡単です。

バカと付き合っているからです。


あなたがいま、何歳だとしても、どこでどんな仕事をしているとしても、あなたがこれを読んでいるのが何年のことだとしても。

あなたの自由を邪魔するものはつねに、バカの存在です。


楽しくないでしょうけど、思い出してみてください。

バカはいつでもいたはずです。

10代で出会ったバカ、20代で出会ったバカ、30代で出会ったバカ、40代で出会ったバカ。

あなたがいま何歳であろうとも、バカがいない年代などなかったでしょう。

歴史的にも、空間的にもそうなのだと思います。

つまり、バカは遍在《へんざい》する。

バカはある意味、普遍的《ふへんてき》なんです。

バカはいつでもどこにでもいる。

大きな話をするなら、そんなバカの存在が、人類文化の足を引っ張りつづけてきたんだと思います。正確に言うなら、人類の自由を邪魔しつづけてきた。同じ人類でありながら。

とはいえ、そういう人に石を投げてはいけないのは当然のことだし、一方で、だからといって、彼らを仕方なく受け入れなければいけないということもありません。

だから、あなたができることはただふたつだけ。

「バカと付き合わないこと」と、

「バカにならないこと」です。

ここに、ぼくと西野亮廣くんの共著『バカとつき合うな』を上梓します。

ぼくはこれまでたくさんの自著を出版してきましたし、いろいろな方との共著も発表してきました。

とりかかる前にはまったく予想しなかったのですが、できあがった本書を改めて見渡してみると、ぼくが関わった本の中で、もっとも普遍的《ふへんてき》な内容に仕上がりました。

ひとつには、それだけバカという問題自体が普遍的《ふへんてき》だということ。

もうひとつには、ものごとの本質を考え詰めようとする西野くんの資質に引っ張られたということでしょう。

西野くんとの共著というかたちをとることで、本書は、ぼくの出版物の中でもっとも時代を超えて読まれるべき決定版となりました。

「これから新しい時代が到来する」「いまが時代の変わり目だ」

ぼくはそのような啓発を期待されることが多いし、実際、いま新しい時代が到来しているのは事実です。だから自分の思った通りに、時代の変化について話したり書いたりしてきています。

AIの急成長による、労働の意味の再編成。

終身雇用幻想、学歴幻想の完全な崩壊。

「お金」が「信用」に取って代わられること。

本書でも、このようなインパクトの大きい変化に具体的に触れています。

ただし、時代はつねに変化しているのだから、これまでに、変わり目でなかった時代などありません。現代だけが特別なのではない。少なくとも近代以降、テクノロジーの進歩がまったくなかった時代はありません。

だからこそ考えるべきは、ぼくたちを支えるテクノロジーが、文字通り日進月歩しているにもかかわらず、なぜ人間のあり方はそう変わらないかという問題です。

時代はずっと変わりつづけているし、人間はずっと変わっていない。

本書はある意味、人間の変わらないバカさについて語っています。

バカを考えることは、人間を考えることです。思った以上に、そうでした。

アインシュタインは、かぎられた条件下でだけ成り立つ「特殊相対性理論」を完成させた10年後に、どのような条件下でも一般的に成り立つ「一般相対性理論」を完成させました。

『バカとつき合うな』は、これになぞらえるなら、西野くんという仲間を得て、時間をかけて、やっと完成させた一般相対性理論のようなものです。

本書は、ある特定の時代論ではありません。ぼくらは時代を超えた本質をここで描いたつもりです。そのやり方は、過去でも未来でもなく、ただ本当の現在を描くということでした。いまは矛盾して聞こえるかもしれませんが、詳しくは本編でお話ししましょう。


ぼくらはあなたのことを知りません。

あなたにとっての現在が何年なのか——つまり、あなたが2018年に読んでいるのか、2030年に読んでいるのか。それは知りようがありません。

でも、ぼくたちが本書に込めたメッセージは、あなたが何歳でも、どこにいても、それがどんな未来であっても、きっとあなたの味方になるものです。

この本は、いついかなるときも、あなたの自由の味方です。


とはいえ、本書はタイトルの通り、堅苦しい本ではありません。最初から読んでもいいし、バカと聞いて真っ先に思い浮かぶあの人が該当しそうなパートから読んでくれても結構。きっと笑えます。

本書のラストでは、ぼくたちふたりと「バカ」という言葉は、別のかたちであなたと再会します。お楽しみに。

それでは、現在を生きるぼくらの話にお付き合いください。


あなたの自由を祈って。

2018年9月

バカとつき合うな　目次

はじめに　堀江貴文　1

第1章
バカはもっともらしい顔でやって来る。気をつけろ！

堀江貴文
01
バカばっかりの環境に居続けるバカ
あなたの居場所は本当にそこでいいのか？もう一度、自分に問いかけよう。
16

西野亮廣
02
人と同じことをやりたがるバカ
得したいのなら人と違うことをやろう。非難はつきもの。聞き流せばよし。
22

堀江貴文
03
学校を盲信するバカ
学校教育は「従順」を刷り込む。
でも「いい子ちゃん」では
生きられない。
28

西野亮廣
04
目的とアプローチがずれているバカ
いくら努力しても、
アプローチが間違っていたら
報われない。
34

堀江貴文
05
我慢を美徳にしたがるバカ
我慢してもなにひとつ
得るものはない。
さっさと自分を解放しよう。
40

西野亮廣
06
未熟なのに勘に頼るバカ
正しい勘を養うには、
一に経験、二に経験だ。
ゆえに失敗も糧になる。
48

堀江貴文
07
欲望する力を失っているバカ
「これをやりたい!」という
欲望で動け。
自分に正直であれ。
54

西野亮廣
08
「自分の常識」を平気で振りかざすバカ
根拠のない常識には取り合うな。すべては理にかなっているかどうか。
60

堀江貴文
09
機械の代わりを進んでやるバカ
人間らしさとは。額に汗して働くこと？それは違う。
68

西野亮廣
10
付き合いを強要するバカ
惰性の付き合いこそ、無駄中の無駄。それより好きな人と会いまくろう。
74

堀江貴文
11
ひとつの仕事で一生やっていこうとするバカ
多彩な仕事をこなそう。ひとつの仕事でやっていけるのは天才だけ。
80

西野亮廣
12
先に設計図を描きすぎるバカ
まず実行しよう。壁にぶつかったらチャンス。その瞬間あなたは成長する。
88

第2章

バカになにを言ったところで無駄。ムキになるな！

西野亮廣
13
にわかを否定するバカ
その文化が育つにはお金が必要。一番お金を出してくれるのはにわかだ。
96

堀江貴文
14
人生の配分ができないバカ
人生とはなにか。人生とは単純に、時間のこと。自分の時間を取り戻せ！
104

西野亮廣
15
新しさばかり追求するバカ
新しさだけでは相手の心は動かない。臆せずに、ド直球を投げよう。
110

堀江貴文
16
無自覚に人の時間を奪うバカ
こちらの時間に割り込んでくるやつは無視しろ。電話をかけるな！
116

西野亮廣
17
善意なら何でもありのバカ
その人の言い分が善意に満ちていればいるほど、まずは警戒。
122

堀江貴文
18
マナーを重んじて消耗するバカ
たとえばビジネスメール。「お世話になっております」とか必要？
128

西野亮廣
19
自分は老害にならないと思っているバカ
気持ちだけでは感性は若く保てない。「譲りグセ」をつけよう。
134

堀江貴文
20
孤独を怖がるバカ
人間関係なんてつねに変わり続ける。いちいち気にするな。
140

西野亮廣
21
一貫性にこだわるバカ
「個人の時代」から「個人と組織人を自由に横断できる時代」に。
146

堀江貴文
22
未来に縛《しば》られるバカ
だれも未来のことはわからない。
勝手に不安になるなんて愚かだ。
152

西野亮廣
23
空気を読むバカ
多数派に飛びつかないこと。
正直であること。
それが自由への道。
158

堀江貴文
24
バカを笑って、
自分は棚上げのバカ
行動しなければ失敗もしない。
でも行動しない人の思考は浅い。
164

第3章
ふたつの「バカ」

堀江貴文
25
西野亮廣という「バカ」
世の中には、
いいバカと悪いバカがいる。
あなたはどっちだ？
172

26 西野亮廣
堀江貴文という「バカ」
だれにも弱点はある。
バカ要素はある。
問題はそれに自覚的かどうか。
192

27 堀江貴文
ぼくは「バカ」
人は変われる。
ぼくは身をもってそれを知った。
だからあなたも変われる。
210

28 西野亮廣
ぼくも「バカ」
ぼくはバカだったおかげで、
ずっと考え続けた。
結果、考える力がついた。
228

おわりに 西野亮廣 247

第1章

バカはもっともらしい顔でやって来る。気をつけろ！

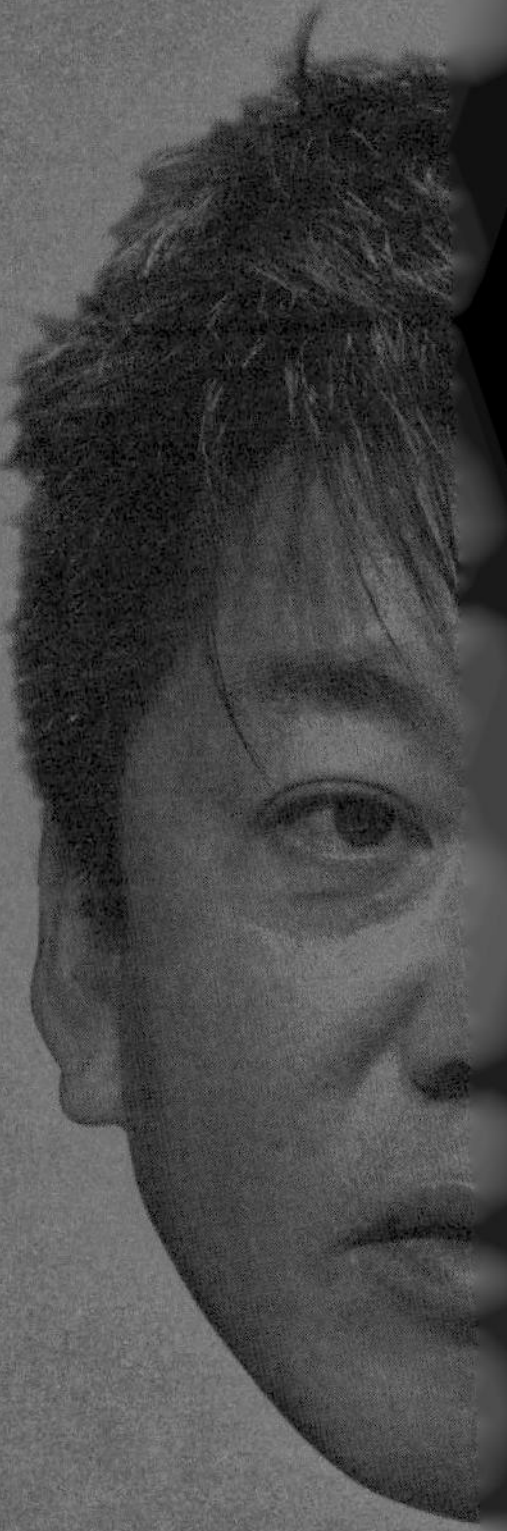

堀江 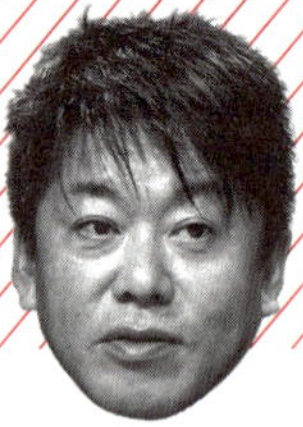 貴文

バカばっかりの環境に居続けるバカ

今日も親が決めた学校に行って
先生が決めた授業を受けて
友達に連れていかれた部活に行って
親が決めた塾に行こ～っと

あなたは、バカと付き合っています。

もし、あなたがいま自由でないなら、確実にそうです。**バカと付き合っているから、自由じゃないんです。**ぼくはいっさいバカとは付き合わないし、その結果、すごく自由です。

「でもまわりの人間って環境に決められていて、自分では選べないじゃないですか、自分は避けたくても、付き合わなければいけない上司とか……」

そんな声が聞こえてきそうです。

いきなりで悪いけど、はっきり言います。**環境や付き合う人間を選べないと考えてしまうのは、バカの思考です。**

あなたをバカと決めつけたいわけではないし、ぼくも最初からいまのように振る舞えたわけではありません。ぼくもバカと付き合ってきた。付き合わされてきた。

ぼくの人生はある意味、バカとの戦いとともに始まりました。

小学校はバカばっかり。同級生だけではありません。教師もバカ。家に帰ると、父親も母親もバカ。

小学生なんて完全に無力だから、運が悪かったら、一番理不尽にさらされる時期です。父親はぼくが口答えをしたらすぐに手を上げる人だったし、母親は急に思い立ってぼくを無理やり柔道道場に通わせました。その道場ではいまの時代だったらありえないレベルの体罰を受けた。

よくケンカもしました。所詮小学生だから、自分を取り囲む理不尽にどうすればいいのかわからなかったんでしょう。**いつも苛立っていたと思います**。

そんなバカばっかりの環境の中、**ひとりの例外に出会います**。小学校3年の時の担任の星野先生。彼女はこう言ってくれました。

「あなたの居場所はここではない」

学校の勉強が簡単すぎる様子のぼくに、進学塾に通って、進学校の中学を目指すよう薦めてくれたんですね。

環境は、選べるし、変えられる。いまのぼくには言うまでもないほどの当然のことですけど、記憶を辿れば、それを最初に教えてくれたのはこの先生だったと思います。

目の前の環境が唯一のものではないし、ほかにも選択肢はある。でもそれは、偶然教わったものでもあった。星野先生が教えてくれなかったら、そのまま地元の中学校に進学していたかもしれないわけです。そっち側の分岐の道を想像すると、**いまでも恐ろしい**ですね。遅かれ早かれそのことに自分で気づいていったとしても、彼女が小学3年の時点で教えてくれたことには感謝していますし、ラッキーだったと思います。

ただ、今後の人生を運任せにするわけにはいかない。不運だったらそこで行き止まりの人生なんて嫌です。

それが嫌なら、ほかの選択肢を、自分のほうから考え、探していくしかない。情報を自分から取りにいくしかない。そう意識する最初のきっかけになりました。

情報を取りにいくということは、運任せにしないということです。成功している人って、運がいい人ではなく、運任せにせずに勝つための情報を集めにいった人なんです。

「居場所がここではない」という言い方も、的確だったと思います。先生には、**ここではない場所にいるぼくの姿が想像できていた**んでしょう。

環境に従うしかないと思っている人の多くは、いまの環境以外にいる自分を想像できていない。想像力が足りないんじゃないかなと思います。

想像力って、生まれ持った能力とかではない。**想像できないというのは、単に情報を持っていないことにすぎない**。情報がないから、想像力もないんです。

情報を取りにいくことに消極的で、運任せで、その結果、想像力がない人。ぼくはそういう人を、バカと呼びます。

まとめ

あなたがいま自由でないのは、
バカと付き合っているから。

いまいる環境はいつでも変えられる。
想像力さえあれば。

想像力は才能ではなく、情報量だ。

成功者は運がいいのではない。
運任せにしなかったから成功したのだ。

西野亮廣

人と同じことをやりたがるバカ

お前…ッ日本人なら空気読んで
皆に合わせろって!!
エアーを…エアーを読めッ…!!

同調圧力マシーンを取り付けられた人

この現代において、上司、先生、家族、友人……それが誰であっても、**「みんなと同じことをやりなさい」という人は、全員バカです**。

昔に比べれば、個性尊重と言って、人と違うことは悪いことじゃないんだという考え方も定着してきているように見えます。でも、本当にそうでしょうか？　残念ながら、**「みんなと同じことをやりなさい」という考え方は、いまでも暗に幅を利かせている**と思います。そうじゃなければ、ぼくがこんなにネットなどで叩かれるわけがない（笑）。

ぼくは、活動初期のころから、**早く売れるための戦略として、意識的に人と違うことをやってきました**。

それ以来、ぼくは**人と違うことをやって得をしたことしかない**ので、いまの自分にとっては、人と違うことをするというのは当たり前すぎるマインドセットになっています。なので、ここでは時間を遡って、キングコングのデビュー前の話をしたいと思います。

ぼくは、1999年にキングコングを結成して、1年で売れなかったらやめるという約束で実家から飛び出しました。10年下積みをやるなんて許されない。とにかく1年で売れなきゃいけない。だから、どうやったら1年で売れるのかを徹底的に考えました。

そうして考えたのは、**大阪の漫才コンクールで片っ端から優勝するという方法**。当時はいまのように若手芸人が出られる番組はありませんでしたから。

まずやったのは、先輩たちの漫才のチェックです。そうしたら、**ほとんどの先輩が、ダウンタウンさんみたいな漫才スタイル**だった。誇張ではなく本当に、99％の先輩がそうだった。簡単に言うと、その場での大喜利力を求められるようなスタイル。たしかに、当時の審査員の多くもそれを求めていたと思います。

それを見て、みんながやっているダウンタウンさんのスタイルと**真逆のスタイルでいけば勝てるはずだ、と戦略を立てたんですね**。結果、キングコングは漫才コンクールを総なめにしていきました。

これは完全に**戦略勝ち**です。なぜなら、お客さんからの見え方は「同じようなスタイルAの9組と、違ったスタイルBの1組」になります。この時点で、印象の残り方は10組に10％ずつ均等にはなりません。

お客さんの中では結局、AとBでどちらのほうが面白かったか、という印象になる。つまり、**Bになれた時点で勝率を50％まで上げることができる**。逆に、Aのスタイルを取るなら、勝率は10％ではなくて、50％の9分の1、つまり5％ちょっとになる。

これと同じロジックが、**東京オリンピックのエンブレムの審査会**にも見られました。

最終候補が4案残りましたが、3つはカラフルで動きがあるデザインで、ひとつはモノトーン。この時点で、カラフルな3つの勝率はそれぞれ16％(50％を3等分)、モノトーンの勝率は50％です。

果たして、選ばれたのはモノトーンのエンブレムでした。

当時、とにかく元気よく、ボケ数を増やそうとしました。ほかの出演者がひとつの漫才でボケ数が10個なのに対して、ぼくらはボケ数が50個ある。ボケ1

発の切れ味は二の次にして、とにかく密度とスピードで差別化しました。

するると、けっこうな数の先輩から、「そんなの流行らないよ」とか、ダサいとか深みがないとか言われました。挙句、**「どうしてお前たちだけみんなと同じことをしないんだ」**と言った先輩もいた。

先輩たちからそういうふうに言われて、さすがにまだこのころは若かったし、少しは孤独感もあったと思います。

でも、**自分にはロジックがあったし、確信があった。**

それ以来、ぼくは**人と違うことをやって得をしたことしかない**ので、いまの自分にとっては孤独もクソもないです。人と同じことをするほうが怖いから、「みんなと同じことをしろ」という声も、いまでは耳に入ってこないですね。

相手にするまでもない。


レッドオーシャンではなくブルーオーシャンに行け。ビジネスの世界ではもう常識のように言われる言葉です。それでも「レッドオーシャンに来い」という人の言葉は、くれぐれも、**無視してください**。

まとめ

みんなが同じことをやっているときはチャンス。別のことをやれ。

みんなと違えば、勝率はぐっと上がる。

みんなと違うことをするデメリットはゼロ。

レッドオーシャンには絶対いくな。

堀江 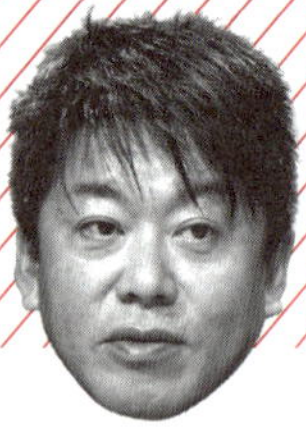 貴文

学校を盲信するバカ

いや～学校で毎日同じ時間に登校させられたり
毎日に疑問を覚えず従順に会社に尽くす会社員になる勉強ができて本当によかった～!!

ぼくは、小学校の最悪な環境から、受験を経ていわゆる進学校の中学校に入学しました。小学校の勉強ができないバカとは違って、中学校で待っていたのは……

勉強ができるバカでした。

中高一貫のこの学校ではほとんど勉強しませんでした。6年間で一番やったのはパソコンです。最後の1年、福岡を出て親元を離れたい一心で勉強し、目標通り東京大学に入学しました。そこで待っていたのは……

とびっきり勉強ができるバカでした。

この通り、**ぼくの言うバカは、勉強ができる、できないとは関係のない概念《がいねん》**です。

中学校の同級生たちは、勉強はできた。小学校のときになにもしなくてもずっと一番だったのとは違い、中学校では一気に最下層に転落。大学受験では彼らをごぼう抜きして東大に入ったけど、東大では、いくつかのコミュニティを除いては、**退屈な授業と同級生ばかりだったので、中退**しました。勉強で言えば、東大でも落ちこぼれのほうだったでしょう。

ようは、蓋を開けてみると、「**親の言うことを聞くいい子ちゃん**」ばっかりだったんですね。なんでその学校に来たかというと、「親に言われたから」という人がほとんど。中高も、東大もそう。

中高は福岡にある進学校だったので、親に医者になれと言われて、九州大学の医学部を目指しているやつばっかり。

先ほど述べました。**運の良し悪しで偶然与えられた環境を出ろ**と。そうしないやつはバカだと。親に言われたから医者になりますって、与えられた環境をなにも疑っていない証拠。

見方によっては、**進学校の連中は小学校の同級生以上にバカだったかもしれない**。

いわゆる受験までの学校教育は、従順であることが成績につながります。**テ**

ストでいい点をとるということは、出題者の気持ちを忖度《そんたく》するようなものです。

ぼくも東大の入試では、答案に「出題者が書いてほしい回答」を書きました。

それだけならまだいい。怖いのは、学校に従うことに慣れていって、**勉強の内容とは関係のない習慣も刷り込まれていく**ことです。

たとえば、毎日同じ時間に登校して、同じ時間に下校すること。面白いと思えない授業を、席について黙って聞きつづけること。必要性を感じられない課題でも我慢してやること。学校は、それらがいいことであると**「洗脳」していきます**。

社会は、学校を通して「従順な我慢体質」を刷り込んでいくわけです。毎日同じ時間に登校しろとか、**定時出社の練習かよ**。

学歴エリートの得意科目は、数学や英語ではない。**彼らの本質的な得意科目は、従うことと我慢です**。サラリーマンという社会の歯車をやるには最適。そして同時に、**そこにしか秀でたものがない人材は、AIに最初に取って代わられていく人材です**。

当時の同級生で、いまも付き合いが続いているやつはゼロです。ぼくは学校の同窓会にはいっさい行きません。**仮にも一度は同級生だった連中が、現代についていけず揃ってつまらない顔をしているところを見たくないから**です。当時の彼らの従順さを思うと、彼らがいま面白い生き方をしているなんて想像できない。

インターネットとＡＩ以後の時代には、従順で我慢体質なだけの人間は行き詰まる。なのに、そんな人間を再生産するバカな学校教育システムが、この国ではいまだに存続しています。

あなたの近くにいる若者に、ぜひこう言ってあげてください。

「バカと付き合うな。すなわち、**学校教育と付き合うな**」

まとめ

エリート進学校も東大も、バカばっかりだった。

学校は単に「我慢体質」を刷り込むだけのシステム。

「我慢体質」しか売りがない人間は、AIに取って代わられる。

学校教育というバカと付き合うな。

西野  亮廣

目的とアプローチがずれているバカ

あ〜このソフトでいいか…いややっぱり…
こっちに…う〜〜んいやしかし…
アクション
シューティング
GAME

こればっかりは、人のことじゃなくて、自分もそういうバカをやったから言えることです。

ぼくが若いときにやった失敗の話です。

なんの話かというと、**テレビの話**。駆け出しのころ、テレビに出るということに関して、自分のロジックを持たないまま飛び込んでいきました。とにかく早く売れたい気持ちでいっぱいだったので。

2001年に『はねるのトびら』がスタートして、冠番組も早くから持たせていただきました。どんなチャンスものにしていこう、もらった機会の中で必ず爪痕《つめあと》を残していこう。そう思って、いただいたお話にはすべてがむしゃらにがんばりました。

結果なにが残ったか。視聴率はとった。若手ではほとんど一番と言っていいくらいよかったんじゃないかと思います。でもどこまで行っても、**テレビの世界では、先輩方を追い抜けなかった。**

どうしてかと言えば簡単で、**結局ぼくは、先輩方の敷いてくださったレールの上を走ってたんです**。そのおかげでいい成績を出せたけど、レールの上を走っているかぎり、そこで成績を出したら、それはレールを作った人の成果になるんです。

一番得をするのはレールを作った人。『踊る！さんま御殿!!』で結果を出せば、さんまさんにポイントが入る。『笑っていいとも！』で成果を出せば、タモリさんにポイントが入る。さんまさんやタモリさんが作っている場があるからぼくらものびのびと実力を出せるけど、その結果、「やっぱりさんまさんやタモリさんの番組は面白いなあ」となる。どんなにがんばっても、**さんまさんやタモリさんの位置には手が届かない構造**になっているわけです。

もちろん、レールを作った人が成果を「総取り」するわけではありません。レールに乗ったうえで、自分を表現することに才能を発揮する人もいる。

ただ、ぼくがやりたいのは「一番を獲ること」だった。それなら、先輩のレールに乗っているだけではダメです。つまりこのときのぼくは、**自分がやりたいことと、そのアプローチがずれていたのを、自覚できていなかった**んですね。

一番を獲りたいのなら、自分がレールを作るべきだった。

レールとは、ゲームルールのこと。**やはり本当に尊敬する偉大な先輩方は、新しいゲームルールを自分で作っていっている**。松本人志さんであれば、『人志松本のすべらない話』という新しいルールの番組を作った。当時、あの番組で結果を出してこそ話術のチャンピオンだろうという雰囲気が、芸人たちの中に生まれました。もう松本さんの勝ちですよね。放っておいても松本さんに成果が集まってくる状態。

この話をほかのたとえで言うと、ファミコンの個別のゲームカセットが売れれば売れるほど、**一番儲《もう》かるのはファミコンというハード自体であり、それを作った任天堂だ**ということです。だから、さんまさんやタモリさんはファミコン。**松本さんは、ファミコンのカセットではなくて、プレステを作ったようなものです**。

レールに乗ったからこそ学べたこともたくさんありました。そこで結果を出せば、次々に仕事が増えて、とんでもない右肩上がりになる。そういう状況は楽しかった。

レールに乗る魅力や気持ちよさは、もう格別です。でもそれはぼくのとるべきアプローチではなかった。

いまはこの通り、テレビとは距離を置いて、**別のかたちで、自分のやり方で先輩方に追いつき追い越そうとしています**。

ぼくはぼくなりに、テレビに関しては本当にやりきった。「これは違う」と気づく時点は人によってさまざまだと思います。そのときに、本当にそう思って見切りをつけるなら、**未練はきっぱり捨て去ったほうがいい**と思いますね。

まとめ

人が作ったレールに乗って成果を出しても、一番評価されるのは「レールを作った人」。

あなたは正しい場所で、正しい方向で努力しているか？　もう一度確認しよう。

レールから降りると決めたら、未練はきっぱり捨てる。

堀江　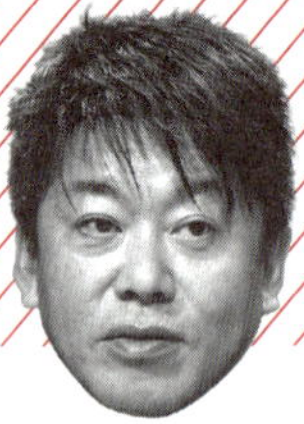　貴文

我慢を美徳にしたがるバカ

残業
うざい上司
つらい仕事
んんん〜〜辛い〜〜〜〜
辛いけど耐える〜〜〜〜ッ
我慢の先に光はきっとある〜〜ッ

我慢厨が嫌いです。

いろんなルールや課題に、それがどんな意味を持つものか納得していなくても、耐えて我慢するということを刷り込まれる。それがいいことだと刷り込まれる。

結果、それが転じて、**耐えて我慢することと自体がいいことだと誤解**しはじめる人がいます。さらにはそれが、自分にとって忍耐を必要とするようなものは、自分にとっていいものなのだという信念にスライドしていく。

そういう人のことを、ぼくは**我慢厨**と呼んでいます。

「良薬口に苦し」っていうことわざのせいもあるでしょう。論理がスライドして、**「口に苦いものは良薬なんだ」と誤解**しはじめる。そもそもこの時点で論理を理解できていないから、バカ。

まして、昔から言われているから正しいと思うなんて、思考放棄です。

ことわざなんて、それを人に信じ込ませたら自分が得する**昔の人が作ったポジショントーク**です。

たとえば、**極端な菜食主義**をする人がいます。ネットでは炎上したけど、ぼくが言いたかったのは、**それ我慢厨だからやってるだけじゃないの？**ということです。**食肉を「我慢する」**ことがいいことだって思い込んでしまっていませんかという話。

小説家の瀬戸内寂聴さんは、90歳を超えて、いまもステーキをよく食べるそうです。で、野菜はほとんど食べない。

ぼくの**『健康の結論』**（KADOKAWA）という本でも医師たちに取材していますが、ほとんどの医師が異口同音に言うのは、とにかく**ストレスは健康に悪い**ということ。食べたいものを我慢して食べたくないものを食べてストレスを溜《た》めたら、そっちのほうが健康に悪い。寂聴さんはそれをわかってるんだと思います。

我慢を美化して肯定しているというケース、世の中にはほかにもたくさんあるんじゃないでしょうか。

◀食通としても知られる堀江。「WAGYUMAFIA」というユニットを和牛ディーラー・浜田寿人と結成し、イベントや飲食店を通じて、極上の“和牛料理体験”を提供している

嫌な上司に付き合うのも、これは我慢だから、社会人としての成長になるんだ、とかね。

つまり、**バカと付き合うのもいいこと、というとんでもない考え方**をしはじめる。

とはいえ、なにをするのも本人の勝手だから、その人が自分の範疇で勝手にやっている分にはぼくはなにも言いません。**バカだなあとは思うかもしれないけど**。

ただ厄介なのが、**こういう人たちにかぎって、「自分と同じようにせよ」って他人に強要してくる**んですよね。このへんは西野くんも書いている通り。バカは強要してくるんです。

ぼくに言わせれば、理由はふたつ。

そういう人たちは、自分から勝手に我慢を選んでいるくせに、**「自分は我慢しているのにあの人は我慢をしていない、不公平だ、ズルい」**と頭の中で論理がスライドしてしまっているから。

もうひとつの理由は、彼らがストレスを溜《た》めているから。そういう人が口出ししてくるときってたいてい攻撃的です。そうやって人にあたって、結局ストレス発散をしてるんです。

自分勝手に我慢して、それで他人に迷惑かけてんじゃねーよ。

ひと昔前なら、退屈でも我慢してコツコツやることが成果につながる仕事がありました。日本の高度成長期を下支えしたのはそういう従順な労働力だった。だからそれにフィットする労働者を、社会は学校を通して作った。

でもこれは**50年前の話**。文句を言わずコツコツと作業する力では、人間はとうに機械にかなわないわけです。機械やＡＩには、そもそも我慢という概念《がいねん》がない。

いまの時代に必要なのは、我慢できないほど、「これをやりたい！」と欲望する力です。我慢とは真逆の力。

ぼくは、いま我慢するクセがついてしまっているあなたのことを突き放すつもりはありません。**我慢癖は、この社会では大なり小なりほとんどの人が持っているん**だと思います。なぜなら、多くの人が学校教育を受けてきているから。

でも、我慢癖を持ってしまっているのは、もったいないことです。そのメンタルセットが、**あなたが本当にやりたいことを、あなた自身に見えなくしてしまっている**というケースが多いからです。

だから、ゆっくりでいいので、**我慢癖を、自分で解除していくことを意識してみてください**。そうすると、いま日常的にやっていることの中で、やりたくてやっていることと、我慢してやっていることの境界が見えてきます。その飲み会やら定例会やら、本当に行きたくて行ってますか？

それらを腑分けして見えてきた**「やりたくてやっていること」を大事にしてください**。それが、これからの時代を生きていくあなたのヒントに、助け舟になると思います。

まとめ

「良薬口に苦し」だが、といって
「口に苦いものは良薬」なわけではない。

食べたいものを食べよう。野菜が嫌いなら
無理に食べるな。心身の最大の敵はストレス。

我慢は百害あって一利なし。
ストレスが溜《た》まれば他人にも牙を剝く。

我慢を解除すれば、
自分の本当にやりたいことが見えてくる。

西野　亮廣

未熟なのに勘に頼るバカ

せっかく進んでた企画なんでやめちゃったの？
な〜〜んか俺の勘が……こう……こう…魂にストップをかけた？っていうか？俺ってホラ…勘があたるタイプだからさぁ

ぼくの物事の進め方は、群れるよりもひとりの道、孤独な道を選べ、そのほうが得だということ。それに尽きます。

「孤独のススメ」というのは、これまでもいろんな人が何度も言ってきています。**そのひとりは堀江さん。**意見は同じです。**ぼくは別に新しいことを言っていません。**

この本のタイトルは**『バカとつき合うな』**。本書を手にとって、そりゃそうだ、そんなの当たり前だろと思った人も多いでしょう。

突き詰めれば、相手がバカかもしれないから、人付き合いなんてしないほうがいい。人間関係は拡げないほうがいい。

――なんて、ぼくが言うわけありません。**人と付き合いたくないんだったらオンラインサロン（西野亮廣エンタメ研究所）なんてやりません。**

実際ぼくにはいろんな友達がいて、いろんな仲間とつるんでいる。だからここでは、どんなバカと付き合っちゃダメかという話ではなくて、実際に付き合っている人を思い出しながら述べたいと思います。

ぼくはいま、上場企業の社長からホームレスまで、いろいろな人と付き合っていますが、彼らは皆、ぼくにとって重要なある一点で共通しています。それは、**無根拠な勘でブレーキを踏まないこと**。だから、彼らといっしょになにかをやるときも、サロンでなにかやるときも、**とにかく早い**んです。

逆に言うと、**無根拠な勘でブレーキばかり踏む人とは仕事できない**ですね。そういう人って、ぼくの前だけでなく、どこでも同じことを言ってブレーキ踏んでいると思います。そうするとなにが問題かというと、**経験が溜《た》まっていかない**んです。

なにかをやってみて、成功することも失敗することもあるでしょう。成功も失敗も、経験値が上がるという意味では等しいものです。失敗も、重ねれば重ねるほど経験値が溜《た》まっていく。**経験の積み重ねだけが、勘の鋭さを磨きます**。

いろんなことに挑戦して、失敗もたくさん経験している人。そういう人が勘を頼りに言うことは参考になるんですけど、**経験値が低い人の勘ほど意味のな**

いものはないんです。

「なんとなく違うと思う」「まわりや先輩方になにか言われるかもしれない」。さらには「これまでそういうものはなかったから」。

そう言って、成功も失敗も敬遠しているうちに「歳をとっているのに経験がない人」のできあがりです。

ブレーキを踏む人の中で、まだ同情する余地があるのは「**前例がないから怖い**」という意見。

実は、見たことないものを警戒して恐怖を感じるというのは、生物の普遍的《ふへんてき》な本能でもあります。人類の文明なんて、少し前まで科学も医療も大したことなかったから、山に生えてる知らないキノコを食べれば、いきなり死んじゃうリスクもたしかにあった。

そういう時代だったら、リスクを避けて、確実に安全だとわかっているものだけを口にするのは知恵だったと思います。だからぼくは、恐怖の感情が強い人を無下《むげ》に否定するつもりもありません。**感覚が古いんだな、と思うだけです。**

いまは、昔とは違います。本当に毒のあるものはたいていわかってるし、医療も進んでるから簡単なことじゃ死ななくなった。つまり、**リスクのない時代になった。**

食べ物のたとえ話をしましたけど、これがそのままビジネスの話なのは、説明しなくても伝わると思います。**いまビジネスで、これをやったら命取りというほどのことってありますか？** ネットで炎上しようが命にはいっさい関わりありません。それはぼくが証明していますよね？(笑)

そんな時代に、あなたは、食べたことないから怖い、前例がないから怖いって感情で立ち止まりますか？

あなたが迷ってるあいだに、やる人はやります。そしてその人は、成功しても失敗しても経験値を得る。

失敗さえをも歓迎する気で、とにかくやってみる。それを繰り返して、あなたには勘の鋭い人になってほしいなと思います。

まとめ

場数の積み重ねだけが勘を磨く。
たくさん挑戦して、たくさん失敗しよう。

場数が少ないくせに
「なんとなく」でブレーキを踏むな。

前例がないから怖い？
命まで取られないから大丈夫。

堀江 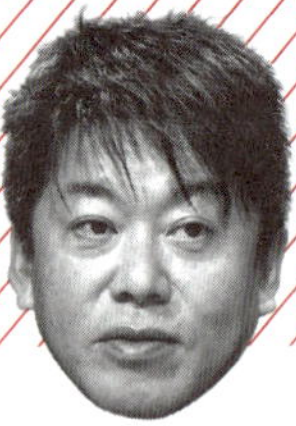 貴文

欲望する力を失っているバカ

いや…もう今更穴から出ても
やりたい事なんかないし…
ずっとここでいいよ
俺は……

そこで学べば学ぶほど、**時代錯誤の感性ばかり植えつけられて**、かえって現代を生きる力が弱まってしまう学校。現在の日本にはそんな旧態依然とした学校が山ほどあります。

そんな**「既存の学校教育を破壊し、再構築する」**ために、ぼくは今度、**高校を開校しました**。

名前は**ゼロ高等学院**。

既存の教育の最大の難点のひとつは、前述のように、我慢癖がついてしまうところ。そしてその具体的な根幹は、座学が中心であることです。

ぼくの考えでは、**子どもは全員自由だし、なにかをやりたい！という欲望を持っています**。制止さえしなければ、やりたいと思い立ったらすぐに行動する。

それが、小学校に入った途端に、毎日同じ教室の同じ席にずっと座り、黙って聞いていることを強いられるようになる。これはひとことで言うと、「行動するな」ということです。**座学というスタイルの中に、「行動するな」というメッセージが含まれてしまっているんです**。

そして、なんのためなのか、なんの役に立つのかわからない内容をずっと聞かされる。そのことに疑問を持たず、受け入れられる小利口な子どもが評価されていく。**疑わずに耐えられることが良いことだ、と刷り込まれていく**。既存の学校教育の中では、「行動せず黙っていられる子」が偉くなっていく。

そんな環境の中にいるうちに、「やりたいことを我慢する」ではなく、「やりたいことがない」に変わっていく。**「欲望する能力」を失っていく**。もともとは全員が持っているものなのに。**いわば、去勢されていくんですね。**

ぼくのゼロ高では、この**座学中心主義**を破壊します。

座学ではなく、行動せよ。こういうふうに行動すればいいんですよ、と教室で教える行動学ではない。文字通り実際に行動することを重視します。

ロケットが作りたい子どもは、いますぐに作ればいい。我慢して待っている必要はないんです。ゼロ高では、ロケットを開発したい子どもがいれば、ぼくがやっている開発プロジェクトに**すぐに現場参加させます**。

まったく知識がいらないわけではない。でも**本当に必要な知識がなにかなん**

て、実際に行動してみないと見えてこないものです。ロケットの軌道計算に高等数学が必要となれば、そのとき必死に学習すればいい。そのほうが、「いつか使うかもしれないから」と言われ自分で必要性を納得しないまま学習したものより、ずっと深く定着します。

「やりたいを我慢しなくていい学校なのはわかった。でも、やりたいことがない子どもはどうすればいいのか？」

こういう意見もあるかもしれない。

ぼくの考えはシンプルで、やりたいことは本当はあるんです。あるいは、かつて持っていた。**我慢せず行動する友人たちに囲まれたら、抑えつけられた「欲望する能力」もだんだん復活してきます**。

ここではゼロ高の話を中心にしましたが、**ぼくが主宰するコミュニケーションサロン「HIU（堀江貴文イノベーション大学校）」も、コンセプトは同じ**です。

やりたいことを持っている人にとっては、**すぐにそれをやる場所**。

やりたいことがない人にとっては、**「欲望する能力」を取り戻す場所**。

「つける」ではなくて「取り戻す」んです。なぜならそれは、**その人が本来持っていたものだから**。

いまあなたが何歳だとしても、**それは必ず取り戻せます。あなたさえ本気になれば**。

まとめ

学校教育の座学中心主義に、
あなたは去勢されていないか？

座学というスタイルには、
「行動するな」とのメッセージが含まれている。

「知識→行動」にあらず。
「行動→知識」だ。目を覚ませ。

いまあなたにどんな知識が必要かは、
行動したあとに見えてくる。

西野 亮廣

「自分の常識」を平気で振りかざすバカ

は〜いごめんね俺に意見があるなら
この「俺の常識」の枠内で言ってね〜
常
識

感情とロジックの話、続き。ちょっと別の視点からお話しします。

新しいことや、誰もやってないことが怖いという感情はたしかに普遍的《ふへんてき》だと述べました。ある意味では人類がうん千年とか長いあいだ生き残ってくるには必要だったかもしれない。だから、**怖がる人がおかしいわけじゃないし、そういう方々に上から目線では語りたくない**とは思います。


だから、恐怖の感情をわかろうと思って、ぼくの中にそういう感情があるか考えてみたんですけど、これが、見つからないんですね。まだ誰もやってないことで得したことや、群れから外れて得した経験ばっかりがこれまで多かったせいで。恐怖を感じないことや、新しいものに飛びつくことが**身体感覚として自分の中で当たり前になってしまっていて**。

チームラボの猪子寿之さんも同じことを言っていました。経験を繰り返すうちに、**頭で考えなくても、勘で新しいものを選ぶことができるようになってる**って。

でもよく思い出してみると、キングコングとして舞台に立った最初のころは、まわりに同じことをしている人がいないっていう不安も、もしかしたら自分のどこかにはあったのかもしれない。

でもぼくにはロジックがあった。**自分はひとりではない、自分にはロジックが味方についてる**、ある意味自分にそう言い聞かせて奮い立たせていたところもあったと思います。だから、まわりに人もいない、ロジックもないということだったら、さすがに不安だったかもしれませんね。

逆に言えば、こうだと思います。**群れる人というのは、ロジックがないから、とりあえず人と同じことをしてしまうんじゃないでしょうか**。不安という感情で。**ロジックがないから感情が行動の理由になってしまう**。

前に、こんな事件がありました。ぼくの絵本**『えんとつ町のプペル』**(幻冬舎)を全ページ無料公開したとき、なんかみんな、めっちゃ怒ったんです。一般の人も怒ってたけど、クリエイターの人もたくさん怒ってました。

『えんとつ町のプペル』を無料公開することには、明確なロジックがありました。人は、知らないことが書いてあるから本を買うわけではない。コンテンツを無料開放してもこの絵本の売上にデメリットはない。ここにはロジックがありますが、たしかにこれまでにあまりない新しいアプローチではあったと思います。

そしたら、**とある有名な声優さんと、そのまわりの人たちが怒り出しました。**おおよそこういう批判です。

そんなことをしたら、作品はお金を払って手に入れるものという習慣を壊してしまう。コンテンツを無料だと思われると、自分たちが食っていけなくなるじゃないか。

つまり、彼らの中には「コンテンツはつねに有料」という常識があったということでしょう。彼らは彼らの思う通りに、自分の作品をつねに有料で販売していけばいいと思いますが、**西野も同じようにせよと。**つまり、自分たちの常識は誰にとっても常識であるべきだ、という主張ですよね。

kills

また、仮にその常識を踏まえないのがぼくだけだったとして、ぼくという例外ひとりによって、その常識は崩れてしまうものでもあるらしいです。

ところで、**「コンテンツが有料だという常識」を作った人は、彼らの中にいたんでしょうか？**　その声優さんがその常識を作り、定着させたとは考えにくい。おそらく彼女にとって、業界に入ったときにそれはすでに存在していたものでしょう。つまり、**彼女より先にいたほかの誰かが作った常識です**。

「自分はああいうやり方をしない」と言うだけなら結構。批判上等。けど彼らは「怒って」いました。**感情で反応していました**。

なぜ感情的にならざるをえなかったか。

ようは、怒っていた人たちは、その常識がどんなロジックで成り立っているか、本当はわかってなかったんじゃないかと思います。自分が作ったわけではないから、実はロジックはわからない、でもそれが正しいと教えられていた。

だから、いざ例外が登場すると、**ロジックで議論できないから、感情で反応し**

▶ウェブアプリ「レターポット」の開発会議にのぞむ西野。新たなコンテンツ、新たなコミュニケーションのかたちを常に模索し続けている

てしまった。

また、ぼくというひとりの例外の登場を、習慣を壊してしまうものだと恐れるのも、不可解であり、そして同時に本質的でした。**たしかに、その常識に内的なロジックがないなら、たったひとりの行動がその内実をバラしてしまうかもしれませんから**。

常識を、それがどうして成り立っているかを考えずに受け入れていくことは、怖いことです。それはつまり、**知らない誰かに代わりに考えてもらうこと**だから。

その結果、その常識を否定されたときに、知らない誰かを勝手に代行して、怒る。理解していないから、代弁はできないから、感情的に怒る。

自分の頭でつねに考えていないと、このように、**感情さえも、知らない誰かの代わりをやっていくことになってしまうんです**。

自分の感情を自分だけのものにしておくためにも、ロジックで考えていくことは大事なんです。

まとめ

ロジカルシンキングを繰り返せば「勘」が備わる。瞬時にベストな選択ができるようになる。

不安だからといって群れるな。群れたところで狭い常識に染まるだけ。

不安を打ち消してくれるのは突き詰めて考えたロジック。ロジックこそ最大の支援者。

堀江 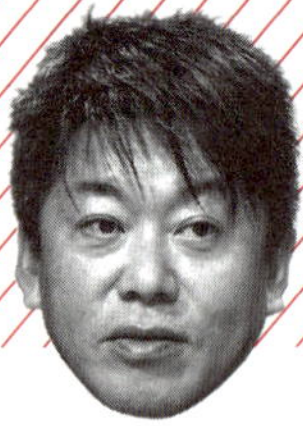 貴文

機械の代わりを進んでやるバカ

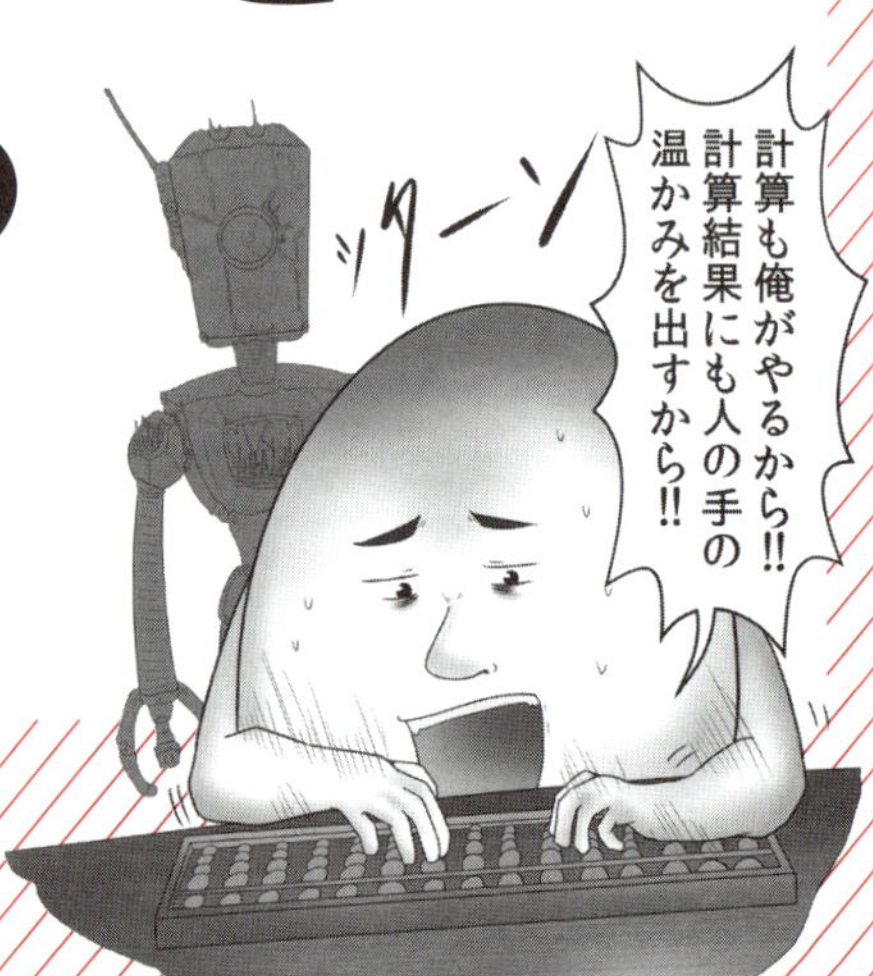
ッターン
計算も俺がやるから!!
計算結果にも人の手の
温かみを出すから!!

かつて**ぼくのことを、人間味がない合理主義のマシーンだ、と批判**する人たちが一部にいました。とくにライブドア時代。

ぼくはビジネスの場面では合理的にロジックで判断するし、その結果、いわゆる常識で考える人には「大それたこと」に聞こえる試みも何度もしてきました。フジテレビ買収とか。

また、たしかに過去、人間味を出して感情に訴えるのがうまい人に、ぼくが負けるということは何度かあった。これも大昔の話だけど、衆議院選挙に出たとき。同じ選挙区でライバルになった亀井静香さんは、雨の中、傘をさせるのにささず、ずぶ濡れになって髪を振り乱して有権者に訴えた。それが皆さんの気持ちに響いたんでしょうね。ぼくは負けて、落選しました。

ただ、ここで**考えてみてほしいのは、本当の「人間味」ってなんだ？ということ**です。

テクノロジーは日々進歩しています。目下注目を集めているのはＡＩですよね。「**ＡＩが人間の仕事を奪っていく時代**」。こんな言い方で、ＡＩ脅威論が語られている。

ぼくは早く奪っていってくれと思っています。**まだかよ遅えな、早く奪えよ**と言いたいくらい(笑)。

AIには知的労働を、ロボットには肉体労働を。テクノロジーが人間から労働を奪って、人間が時間的に解放されていく社会を待っています。**みんなが可処分時間を多く持つ社会のほうが、ぜったいに面白い**。もっと多くの人が、労働ではなく自分のやりたいことをやっている社会を早く見たい。

今後、事務や会計など、いかにも機械が得意そうな業務はもちろんのこと、**経営や中間管理などのマネージメント業務も、AIに代替されていく**でしょう。細部まで見渡せないから経験と勘で判断する人間より、AIのほうが合理的な判断をできる、という時代はもうすぐそこです。

そして、過渡期には、これまで人間がやっていたことを機械がやることについて「人間味がない」と批判する意見が必ず出てくるでしょう。また、人間にその業務をやらせつづけて「ちょっとくらい非効率的でも、人間がやる温かみを大事にしたいんですよね」と言うやつが必ず出てくる。

そいつこそは、バカです。

たとえば、いまさら「洋服を洗濯機で洗ったら人間味がない、手と洗濯板で洗わないとダメ」って言う人はさすがにいないでしょ。おばあちゃんでも言わない。

そんな中、どうしても洋服は自分の手で洗わなければ気が済まない人がいたとする。そしたら**その人間は、ぼくには洗濯機にしか見えませんね。**あー洗濯機になりたいんだ、自分から機械になりたい変わった人だなと思う。まあ、バカだなってことですよね。

ぼくから見れば、テクノロジーに抵抗を示す人たちは、**機械になりたい人たち**。それが経営者なら、**人間を機械扱いしたい人たち**。非合理的であることはもちろんのこと、**反テクノロジー主義のほうがむしろ、反人間主義**なんですよ。人間に機械役をやらせていて平気なんだから。

ぼくは昔もいまも、合理主義者です。技術とチーム編成で、自分の時間を効率化して、いまは**無駄な労働時間はゼロ**。その結果、**ぼくはやりたいことしかやってない**。

なにかをやりたいと欲望して、それをやること。これこそが人間らしさであって、人間味です。労働は人間の条件なんかじゃない。つまり、**ぼくはそのへんの誰よりも人間として生きています**。

あと機械にできないことと言えば、睡眠ね（笑）。人間らしく睡眠を大事にしたいんで、起きてる時間はつねに効率化して、これからも**毎日8時間寝る**つもりです。**合理主義者は、自分が人間であることを大事にしているんです**。

まとめ

AI脅威論なんてバカの発想。

AIが人間の労働を奪えば、人間の可処分時間は増える。ぼくたちはどんどん自由になる。

テクノロジーに抵抗を示す人たちは、機械になりたい人たち。

労働は人間の条件ではない。やりたいことをやってこその人間。

西野亮廣

付き合いを強要するバカ

帰らないでちょっと付き合えよ!!
延々とグチを言い続ける不毛で最悪な
飲み会に朝まで付き合えよ〜〜ッ!!

いやほんと、バカとは付き合わないほうがいい。けどそもそも、「付き合う」ってなんでしょうか。

考え出すと、実はよくわからないんですよね。**付き合うって、結局どういうことなのか。わからなくないですか？**　彼氏彼女の付き合うだって、ある意味よくわからない。少なくとも、その言葉で相手になにを要求するかは人によって少しずつ違っていて、全員が納得する回答はないと思います。

結論から言います。そのよくわからない「付き合う」を強制してくるやつ、つまり、**「付き合え」って言ってくるやつに、優秀なやつはいません。**だって、**優秀な人のまわりには、言わなくても人が集まってくるものなので**。顔貸せよとか、そういうことを言わなきゃいけない時点で、そもそもその人のまわりに人が集まってなさそうな匂いがしますよね。よっぽど愛情持って、父親のように「ちょっと来い」みたいに言う人はまた別ですけど。

ぼくははっきり言って、付き合いが悪い人間です。デビューのときから、自分には本当に時間がなかった。早く売れ出したのはいいけど、ネタの蓄積もないまま世に出ちゃったから、早く帰ってネタを書かなきゃいけなかった。デビュー当初からそうだったので、**だらだらなにかの愚痴《ぐち》を言いながら飲むみたいなのは、人生で一度もしたことがない**。

そのあとも、劇場で、出番合間に自分だけ楽屋をとったり、廊下の奥のスペースを使ったりして、**そこでずっと絵本を描いてました**。

ぶっちゃけ、芸人の世界は、全体としては上下関係が強い村社会です。文句をつけられたこともちろんあります。「なんで絵本描いてんねん。芸人だったら、合間に楽屋でみんなでいっしょにしゃべるもんやろ」みたいな。お前もやれよ、つまり**「付き合えよ」と言われていました**。最近はさすがにないですけど、20代のときはかなり言われましたね。

結局、**自分が得するんだったら行けばいいし、得しないんだったら行かなければいい**。先輩でも、この人の話を聞きたいなと本当に思えるような人だったら、誘われたらぜったいに行きました。楽屋裏でも、この人としゃべりたいなと思えるような人だったら、しゃべっていました。

仕事についても話は同じです。ほかの人の番組に誘われても、ぼくは興味がある先輩の番組にしか出演しませんでした。**「付き合い」で出演するということはしたことがないですね。**

もう自分たちの冠番組もあって、全部の番組に出ていかなきゃいけないわけでもない。別に絡まなくていっか、みたいな。それこそ、**「お前も若手らしくひな壇《だん》番組に出ろよ」**みたいなのもありました。それってていま考えると、面貸せよとまったくいっしょですね。

ぼくみたいにしていると、ひな壇《だん》は、当然不利な戦いになります。ぼく以外の出演者は、「付き合い」を繰り返して関係性ができあがっているから。飲みとか、いっしょに旅行したりとかで、お互いのエピソードを共有しているからトークを回しやすいわけです。

そんな地の利が悪い場所に、わざわざ行く必要はない。自分には、後輩もいたし、生意気だけど、食わしていかなきゃいけないスタッフもいた。そんな中で、負けてる場合じゃないんです。だから、**負け試合は絶対しなかった。**

上の世代の人は「他流試合に挑んできたものこそ一流だ」みたいなこと言うんですけど、ひとことで言えば、**それはその人たちのポジショントークです。**その人たちだけに圧倒的に有利な屁理屈です。自分に都合のいい試合に「付き合えよ」と、そう言ってるんですね。

こちらにメリットのない理屈に付き合ってアウェイ戦をやる必要はありません。

まあ、さんざんそんな目に遭ってきてるんで、先輩としての自分は、後輩にそういうことをぜったいに言いたくないですね。

まとめ

「付き合え」と言ってくるやつに
優秀なやつはいない。

自分の興味がある人とだけ付き合えばいい。
あとは好きなことをやる時間にまわそう。

不利なアウェイ戦には
参加しなければいいだけのこと。

堀江　貴文

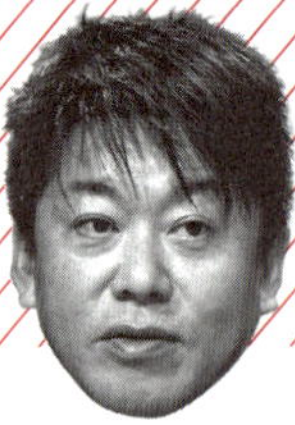

ひとつの仕事で一生やっていこうとするバカ

1年後に潰れた

大企業は安定してるし
特に何も考えず目の前の
１つの仕事だけ適当にやるぜ

ぼく、凡人なんですよね。

これをよく覚えておいてください。どうもこのことを**誤解する人がすごく多い**ようなので。

ぼくはこれまでも教育制度批判や会社制度批判を繰り返してきています。それに対して、いつもこんな意見が届きます。

「いやいや堀江さん。学歴は関係ない、やりたいことをあれもこれもやれっていうけど、それで成功できるのはあなたが非凡な天才だからでしょう。私たちみたいな凡人は、ちゃんと学校を卒業して、会社に就職して、ひとつの仕事を一生勤め上げるしかないんです。それがどんなに平凡でも」

まったくわかってない。**完全に真逆**です。

ひとつの仕事で一生を生き抜くなんて、天才にしかできない生き方です。

野球のイチロー選手を想像してください。**非凡というのはああいうことです。**

２０１６年にはメジャーリーグ通算３０００本安打の記録を打ち立て、日本時代とアメリカ時代を通算したプロ野球での全安打数は、ギネス記録。

彼の年齢はぼくのひとつ下です。ということは、ぼくが嫌々大学受験をしていたときも、ぼくが最初に起業したときも、フジテレビを買収しようとしたときも、刑務所に収監されたときも、コミュニケーションサロン「ＨＩＵ（堀江貴文イノベーション大学校）」を立ち上げたときも。**変わりつづけるぼくと対照的に、ほぼ同い年のイチロー選手は、ずっと変わらず野球をやり、しかも成績を出しつづけていた**。

これだけ野球だけに徹底して人生を捧げたのだから、今後もきっと、野球というものが彼を守っていくでしょう。

でもそんな彼でも、**「自分は天才じゃない」**と言うんですね。天才ではないから、並外れた量の練習をこなして強くなったのだと。また、彼の食事管理や体調管理の徹底ぶりは有名です。

そんなストイックな生き方ができる人自体、何万人にひとりでしょう。圧倒的に非凡。**凡人のぼくには無理です**。

元リクルートの藤原和博さんは、こう言っています。ひとつのことに1万時間をかければ、「100人にひとり」くらいの能力は得られる。**「1万人にひとり」になるには才能が必要だとしても、「100人にひとり」には、才能がなくても時間さえかければなれる。**

能力Aを得たあと、次に、能力Bに1万時間をかけて、その能力を得る。そうして、能力Aと能力Bを同時に持つ人物となれば、**「100人にひとり」×「100人にひとり」で、「1万人にひとり」の人材になれる。**さらに能力Cを得れば、「100万人にひとり」の人材。立派なレアカード人材のできあがりです。

つまり、**これがぼくの成り立ちです。**ぼくのスペックは、実業家、プログラマー、ロケット開発者、著述家、服役経験者……とにかくたくさんです。

個別の能力それぞれで言えば、ぼくより優れた人なんていくらでもいます。でも、ぼくと同じだけ、能力や肩書きを同時に持つ人は、日本にはほぼゼロでしょう。

755
LNX

つまりぼくは、**凡人でありながら、超レアカード人材**なんです。

天才って、たしかに実在するし、ぼくはそういう人とも会ってきてる。でも、人並み以上にたくさんの人と交流してきた経験から言えるのは、**自分を含めた、世の中の99%以上は凡人**だということです。**ぼくのまわりの頭のいい人間は、みんなそこに自覚的です。西野くんだってそうでしょ。**自分が天賦《てんぷ》の才能を持って生まれてきてるとは思ってない。

そのうえで、この時代をどう生きていくかを真剣に考えるなら、**一生一業なんて言ってられるわけがない**んです。

たまたま、数十年前の高度成長期に、**終身雇用幻想が実現する「例外的な時代」**がたしかにあった。厄介なのは、その時代を経験した上世代が、それが「例外的な時代」だったことに無自覚だということです。だから下の世代に向けて「大学を出て会社に就職しなさい」と言いつづけてしまう。

自分がたまたま恵まれていただけという自覚がないのは、バカです。つまり

▶ HIU を主宰。ボリューム満載のメルマガを毎週欠かさず配信。ロケット開発に打ち込み、一方で「ホリエモン万博」などの大型イベントを定期的に仕掛けている

現代人は、そういうバカの塊を、上世代として持っているわけです。バカと付き合うな。

ぼくは**「多動力」**というキーワードを使って、**やりたいことを複数持ってそのどれもをやること**を繰り返し薦めています。

これは、「例外的な時代」ではなく**平凡な時代に生まれたぼくという凡人からの、同じく凡人である仲間に向けたメッセージ**なんです。

まとめ

堀江貴文は天才だというのは大きな誤解。ぼくは凡人。あなたもたぶん凡人。

天才とは一生一業が許される人。たとえばイチロー選手のような究極にストイックな人物。

だれだってひとつのことに時間をかければ、100人にひとりくらいの能力は得られる。

「100人にひとりの能力」をひとつずつ増やしていけば、あなたは特別になる。

西野　　亮廣

先に設計図を描きすぎるバカ

え？全く新しいフィールドでの仕事の依頼？チャンス？
僕の人生設計図にはないんでお断りします
人生図
人生
人生設計図 1〜90才
人生設計図

ぼくは、**企画を思い立ったらすぐに実行する。やりますと宣言してしまう。**

普通、企業の中で新しい事業を立ち上げようと思ったら、事前調査をして、事業設計図を書いて、と実行の前にかなり計画的にやりますよね。

なぜそうしないか。**そこには、実は明確な理由があります。**


ぶっちゃけ、**でかいことを言っちゃったあとに、「うわ~言っちゃった……」って自分でも思ってるんです。**毎回そう。本当にできるのかこれ？って。

「ディズニーを倒す」とか、そんなの、天才じゃなきゃ無理だぞ？って。

今度制作する映画で、ディズニーの興行収入を超えると宣言しました。いやほんとに、そんなこと、天才じゃなきゃ実現できない。

だからこの約束を実現するには、**自分が天才になるしかない。**


じゃあどうやって天才になるか。これまで、天才と言われてきた人たちはどうして天才だったのか。それを考えてみたんです。

天才というのは、生まれ持った天性のなにかがあるということではないと思います。**環境によって、天才にならざるをえなかった人たち**なんです。

ぼくたちがいま、それぞれに持っているアイディア、哲学、運動神経……**自分を形づくるもののほとんどは、環境によって支配されています**。なぜあなたがそのように考えるか、それはあなたが、そのような考えを持つのに合った環境の中にいるからです。

鳥にはどうして羽があるのか。それは、鳥は飛ばなきゃいけなかったから。ある種の動物が、どうして海から陸に上がってきたか。それは、陸に上がらなきゃいけなくなってしまったから。そこで生き延びなきゃいけなくなってしまったから、手足みたいなのをにょきにょき生やしてきた。**必要に迫られなかった進化なんてないという話です**。

天才の話もこれと同じ。極端な才能も、極端な環境によってもたらされたものなんです。**環境が先**。そこに帳尻を合わせるように、才能が出てくる。**天才になる必要がある環境に人を追い込めば、その人は天才になるんです**。

生物には生存本能があります。**生き延びようとするプログラムをそれぞれの**

中に持っていると思うんです。だから、たとえばぼくがいきなり、砂漠の中央に放り出されたら、普通なら1週間ぐらいで死んでもおかしくないんだけど、1週間経ったあたりから、ちょっとの水でも活動できるように、進化してくるんじゃないですかね。体がだんだん適応していって。

これがつまり、才能の始まりです。

ぼくは、天才になりたい。逆に言えば、自分に生まれ持っての才能があるなんてこれっぽっちも思ってない。だから、普通できるわけないだろという厳しい条件の環境を作って、天才的な発想がないとブレイクスルーできないというところに自分を置いちゃう。

宣言することは、当然、自分を後戻りできなくすることです。そしてその内容は、**普通にいまの実力でもできることだったら意味がない**。自分で言ったあとにびびっちゃうくらい大きなことじゃないといけないわけです。で、言って少し後悔するんですけど（笑）。

25歳のときに、ひな壇《だん》番組に出ない、クイズ番組に出ない、情報番組に出ない、グルメ番組に出ないと決めました。そうすると、仕事の9割ぐらいなくなるんですよね。どうやって生きるのっていうレベルです。やべーってなる。

それから2週間ぐらい飲み歩いて、そのうちに、絵本を描くか！となりました。

そしたらどうなったと思いますか？　急にへんなとこが伸びたんですよね。**絵がうまくなったんです**。

天才とまでは言わなくても、なにか新しい才能がほしかったら、そういう環境に自分を追い込めばいいんです。**設計図を書きすぎるというのは、これと真逆です**。設計図を書いた時点で極端な環境はやって来ない。つまり、設計図を書くという作業は、自分が成長するチャンスを手放すことに等しい。

設計図はほどほどにして、生存本能を信じて、飛び込みましょう。

まとめ

あれこれ準備する前に、
まず「やる！」と宣言してしまおう。

あなたのアイディアや行動力は、
環境が勝手にもたらしてくれる。

天才になるしかない環境に追い込まれれば、
人は天才になる。

「環境の変化」＝「あなたの成長」

第2章

バカになにを言ったところで無駄。ムキになるな！

西野 亮廣

にわかを否定するバカ

え？君ガンタムオタクなの？
オタク歴何年？え⁉１年⁉
カァ〜〜〜〜ッ１年‼カァ〜〜〜ッ
それはオタクとは言わないなぁ〜〜〜ッ
GUNTAM

にわかを否定する人、バカですよね。

たとえばワールドカップになると、たくさん出てきますよね。にわかファン。そうすると、俺らこそが本当のサッカーファンだみたいな人たちが、「お前らはサッカーファンじゃねえ」みたいなことを言い出す。「俺はワールドカップじゃないときもずっとサッカーを見てる、お前らはいまだけだろ」。で、「なに渋谷で騒いでるんだよ」って。

そういった方々にお伝えしたいのは**「あなたも元はにわかだったでしょ」**です。

にわかを通っていないファンはいません。ぼくだって、お笑いの最初の一歩目はにわかファンです。そのあとプロになりました。いまのサッカーに詳しいファンの方も、昔「カズかっけー」って言ってたんじゃないんですか。

それに、にわかって、そのカルチャーが持っている直感的な魅力をわかっているということだと思います。**詳しくない人にもわかる魅力って、そのカルチャーの一番の強み**じゃないですか。

あと、**にわかを否定しちゃうと、落ちるお金がだいぶ少なくなります**。たいていのジャンルで、にわかのファンは一番数が多い。

もしにわかがいなくなってしまうと、お金が回らなくなって、その文化自体が壊れてしまう。一部ファンの精神論より、お金が入らないほうが、文化にとっては大打撃です。

にわかを否定することは、自分が応援している文化を殺す作業です。これはつかりは本当にバカなんだと思います。**サッカーに詳しいのにオウンゴールを決めまくってる**。

こういうふうに言うと、こんな意見を返してくる人がいます。「そこまでは同意する。だけど、ずっとにわかでいてもらっては困る。早くそのレベルを脱して、俺らのレベルを目指してこいよ」と。

つまり、**俺らに近づいてこいよ、と歩み寄ってくる**。**ときに、先輩風をビュービュー吹かせながら**。

なんでおまえらと同じになんなきゃいけないんだって話です。なんで自分ら

◀東京キネマ倶楽部（東京台東区）で催された「おとぎ町の素敵な音楽会」。ステージで熱唱する西野。出演者は全員素人。大盛況のうちに幕を下ろした

を勝手に正解にしてるんだ。

この話、クリエイター側についても同じことが言えます。

ぼくが絵本を発表したとき、**「にわか絵本作家」であるぼく**に、専業の絵本作家の人たちが同じようなことを言ってきました。

「俺たちはこれを生業として描いてるのに、芸人のくせに絵本を描きやがって」と。絵本作家の人や、絵本を生業にしようとしている人にめっちゃ言われましたね。

上世代の人たちの中には、いまだ**専業主義**のようなものが根強く残っている人がいます。「それだけで食ってることが、それのプロであるということだぞ」というやつ。

そう言われたときは「では、プロのあなたの本はいまどれだけ求められているのですか」と質問して終わりにしたいんですが、まあ簡単には終わってくれません。「数字の問題じゃない、これだけをやっているということが……」と精神論が続く。

一人一業時代がとっくに終わっていることは、ぼくや堀江さんをはじめ多くの人がすでに体現しています。それを説明してもいいんですが、ぼくは面倒臭いんで、ごめんなさいって言っちゃうんですけどね（笑）。

実は、絵本の世界は甘くない。

そもそも市場が小さい世界なので、絵本作家の一本で食べていけている人は数少ないそうです。

絵本もそうだし、小説もそうだし、ミュージシャンもそうでしょう。それだけで食べていけるようになるのが難しい世界。じゃあ、それ一本で食べられない人がどうしているかというと、アルバイトをしている。1週間のうちかなりの時間をアルバイトにとられていて、**実際に絵を描いてる時間を比べてみると、ぼくよりずっと短かったりする**。**ピースの又吉くん**より文章を書いてない小説家もぜったいにいるでしょう。

そういう厳しい世界で、自分はぜったいに専業でやっていくという信念で活動されている方は、自分の信念を大事にされているという点で立派だと思います。でも、それを**「お前も俺と同じようになれ」と他人に押し付け出したら話は別。**

むしろ、そういう人からは、一生にわか作家と呼ばれたい。**考えの古い人たちに揶揄《やゆ》されるくらいがちょうどいいんです。**

まとめ

にわかを否定することは、
そのカルチャーを否定すること。

否定されたカルチャーはやがて消えてしまう。
だれも得をしない。

専業主義者たちはにわかを否定したがる。
でも、一人一業時代はとっくに終わっている。

専業主義者たちに揶揄《やゆ》されるような活動をむしろ
やっていこう。自由と可能性はそこにある。

堀江 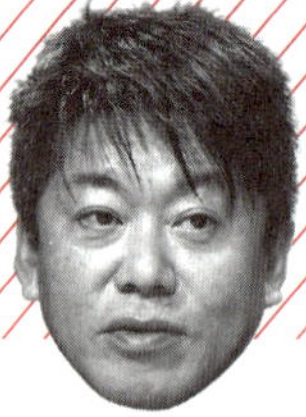 貴文

人生の配分ができないバカ

ぼくが一貫して言っていることは、**自分の時間を取り戻せ**ということです。

なにから？　社会からです。

多くの人は、人生の時間を、なににどれくらい投じるかについて、主体的に選択していません。学校もそうだし、労働もそう。

「自分は行きたい学校を自由に選び、働きたい会社を自由に選んで就職した。その後、自分の意志で転職を決めた。この通り、自分の人生を主体的に生きている」

そういうことではないんです。というか、**このように考えるのは、社会の詐術に典型的にはまっている人です**。

表面的な「主体的選択」はあるでしょう。社会は、そういう**目先の自由を感じさせることで、大事な問題に気づかせないようにしている**んです。

その大事な問題というのが、時間のことです。

人生とはなにか。人生とは単純に、時間のことです。まどろっこしい哲学なんて関係ない。

ポイントは、それが無限ではなく有限で、たかだか80年程度のものだということ。大学を出て企業に終身雇用されるというライフモデルを愚直《ぐちょく》に受け入れるなら、小学校～大学で学校教育に16年間、それから企業に43年間。人生の時間を仮に80年とするなら、そのうち60年近い期間、**つまり人生の4分の3を、学校と労働に明け渡す**。

それ、長すぎませんか？　自分で考えて納得した配分ですか？

日本では、**「普通はこういうもの」という通念が、時間に関してもっとも深く根を張っています**。

それを象徴するのが、日本の高校以前の学校に、飛び級がないこと。だから**学校には、年齢の多様性がない**。大学も結局、18、19歳で入学する人がほとんど。

優秀層だけの問題ではありません。逆に、勉強が苦手な子どもが、小学校を12年かけて18歳で卒業するということも許されない。年次はほぼ強制的に上がっていくから、結果、初歩でつまずいた子どもは、それ以後の授業を聞いても理解できるわけがないのに、無駄な時間を取られつづける。

そんな時間があるなら、好きな仕事の訓練でもしたほうがいい。だから、ぼくが主宰する**ゼロ高等学院はそういう機会を提供していくんです**。

そして、**学校や企業は、あなたの時間の主導権を握ります**。「1週間のうち月曜から金曜を、1日のうち9時から18時までを、こちらに譲り渡しなさい」。そうやって、**あなたの時間の使い方を、あなたより先に決めてしまう**。

牛肉で言えば、サーロインとかヒレとかの美味しい部位を先に、企業が取っていくわけです。残っているのは内臓。いわゆるホルモン（語源は大阪弁の「ほる＝捨てる」もの）ですよね。残りものしか自分のものにならなくて、それだけが「自分の自由な時間」。

つまり、**「他者に時間の主導権を握られている人」にとってのプライベートって、ホルモン**なんです。

「ワークライフバランス」という言葉で、プライベートをおろそかにしない生き方は、ここ10年でかなり定着しました。ぼくに言わせれば、**大事なのはバランスというより、誰が先にとるか**。あなたと企業、どちらが先にとるかです。**自分の人生の美味しいところをまず先に自分自身がとって、残りを社会に分け与えてあげる**。それだとなんでダメなんですか？

いま、**少子化による人材難**で、大学生のアルバイトは売り手市場です。「水曜は授業のあと、サークルあるけど、22時から1時間半でよければ入れますよ」と学生が言っても、**お願いします！と会社が頭を下げる状態**。

でも、バイトはそれでいいのに、正社員は時間の主導権を献上しなければいけないのが現状です。そんなのおかしいでしょ？

「水曜午後と木金だけでいいなら、正社員で働いてやってもいいけど？」くらいの強気で若者が就職活動できるようになったら、この社会は一皮剝けると思いますね。

まとめ

人生の４分の３を学校と労働に明け渡す。
それ、長すぎないか？

他者に時間の主導権を握られているかぎり、
幸せはない。

まず自分の時間を先に取って、余りを社会に
還元しよう。いまはそれが容易な時代なのだ。

西野 亮廣

新しさばかり追求するバカ

アマチュアとプロ。このふたつって、なにが違うんでしょうか？

ぼくは、興味を持ったら、それまで経験のないことでもチャレンジしてきました。**経験がないことは、やらない理由にはならない**。絵本はもとより、マラソン、小説、音楽、オンラインサロン（西野亮廣エンタメ研究所）の運営、そしていまは映画。経験なくやっているという意味では、ぼくの活動を全部アマチュアだと言う人もいるかもしれません。

ところで、この時代、プロだからいい、**プロの作るものがアマチュアの作るものより優れているとはかぎりません**。さっきの、にわかの話に通じますが、いわゆるプロとして、それを専業で長くやっているゆえの弱点が出ることがある。

知り合いの音楽家がこう言うんですね。たとえば、作曲家を専業で10年やっている人は、1日1曲、曲を書きつづけるというのを10年やっているかもしれない。そうすると、経験値はたしかに高いんだけど、**実は本人は、作ることに飽き飽きしている**ということもありえる。

それに対してアマチュアは、「音楽を作ることが楽しい！」という初期衝動の喜びが曲に出ていて、多少荒削りであっても、抜けがある。逆に、プロの曲は、エネルギーや面白みに欠ける場合もあると。

ぼくは、絵本や映画を作るときは、全体を見てディレクションをする、監督の立場になります。各ジャンルのクリエイターに集まってもらって、それぞれの専門性を発揮してもらって、全体でひとつの作品を作ることになります。

そういうときにぼくが気になるのが、その道の超一流の人が、たぶんその人の中で飽きてしまっていて、結果どうするかというと、**変化球を投げてくるん**です。

けど、**ぼくはそんな変化球は別に見たくないんです。もっと王道のものがほしい**。その人の7、8年前の作品は、むっちゃいいんです。それがほしいのに、本人が飽きているせいで、自分にとっての新鮮味のために、変わったことやってくる。でもそれがすごく退屈で。そうなったらもう仕方ないんで、やめましょうと言ったこともありますね。

ある小説家の方が、売れるときと、売れないときの幅がすごく大きかったそうで、データを調べてみたら、売れてる本はほとんど同じプロット。それだけだと本人が飽きちゃうから、小説が売れると次はちょっと変わった小説を書く。**するとその小説は、必ず売り上げが落ちていたそうです**。

そういう、自分にとっての**新鮮味を求めてしまう気持ちは、実はぼくもよくわかるんです**。絵本も、1冊目の『Dr.インクの星空キネマ』(幻冬舎)のときは、こういうことを気にする必要がなかった。ある意味、それまで溜《た》まった膿《うみ》を全部出しきるような感じがありましたね。

2冊目から、新鮮味の誘惑が始まりました。**ちょっとでも気を抜くと、なにか新しいことをしようとしてしまう自分がいる**。そのときの「新しい」は、自分の中で新しいだけの話で、世間が求めていることとはめちゃくちゃずれていたりする。新鮮味に引っ張られてしまう自分との戦いが必要でした。

そういう意味で、真のプロとして名前を挙げたいのが、**作詞家の秋元康さん**

です。

ＡＫＢ48の曲「恋するフォーチュンクッキー」に、「明日は明日の風が吹く」というフレーズが出てくる。そのあと「と思う」と続くところは個性的だけども、**「明日は明日の風が吹く」っていうフレーズ自体は、手垢のついた言葉です**。もう数え切れないほどたくさん使われてきている。そんなことは、もう30年以上も第一線の作詞家として活躍されている秋元さん自身が一番よく知っている。そのうえで、そう書かれているわけです。

そのフレーズを何万回聞いてきた自分を殺して、ＡＫＢの歌詞でそのフレーズに人生で初めて触れる、若いリスナーの脳みそで歌詞を書かれている。あのフレーズを聞いたとき、ちょっとゾッとしましたね。

飽きを理由に、先鋭化してしまうのは三流。一方、秋元さんは、アマチュア力を意識的に残している。それがプロですね。

まとめ

- プロがアマチュアより
優れているとは限らない。

- 人の心をつかむのはプロの変化球ではなく、
アマチュアのド直球。

- 王道を行け。「新しさ」の誘惑に負けず、ひたすら
王道を。それが真のプロフェッショナリズムだ。

堀江 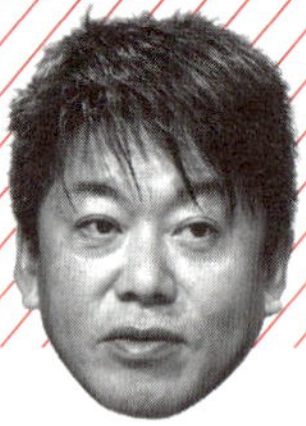 貴文

無自覚に人の時間を奪うバカ

深夜2時

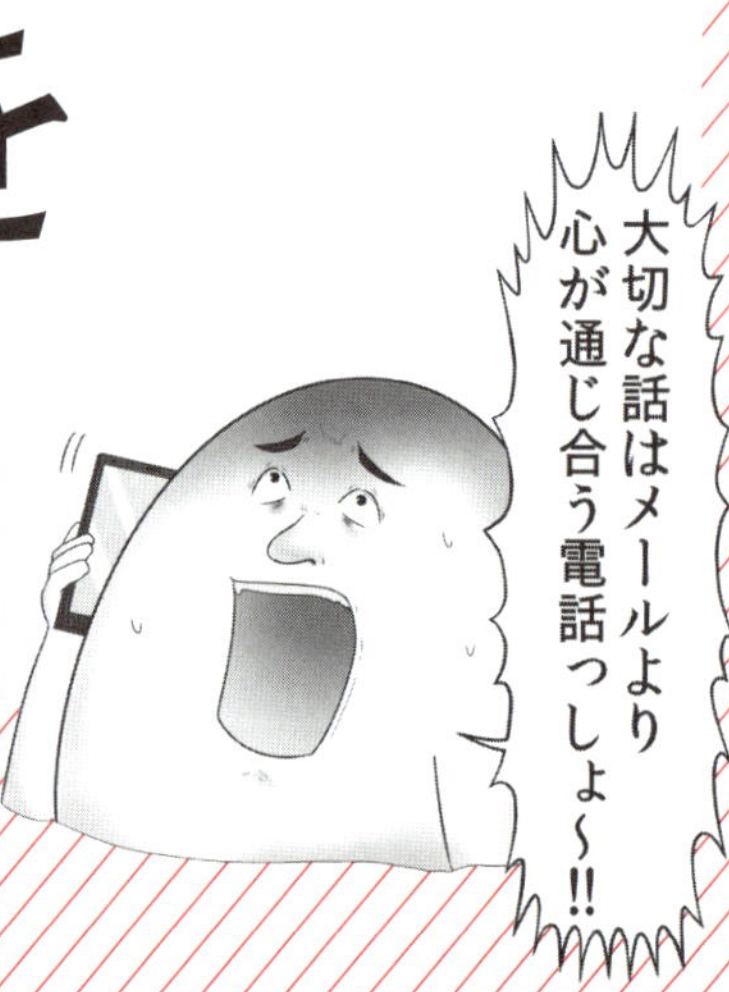
大切な話はメールより
心が通じ合う電話っしょ〜!!

iPhoneが日本で初めて発売されたのは2008年のこと。その後10年で、モバイル端末中のスマホ利用率は8割近くになりました。**10年ちょっと前には存在もしなかったものを、日本人はこれだけ受け入れられている。**スマホが一般化したこのメディア環境を踏まえたビジネスイノベーションはたくさん起こったし、まだこれからも当面続きます。

その一方、驚くべきなのは、もう平成も終わろうとしているこの時代に、**日本の労働人口に占める被雇用者の割合はいまだ8割強。ずっと変わっていない。**「学校を出て企業に就職」というライフモデルの縛《しば》りは、やはりまだまだ強固なようです。それはすなわち、**時間を奪われることに対して人を鈍感にしていくこの社会の刷り込みが、それだけ強力**だということです。

そのせいで、たくさんの弊害《へいがい》が生じています。

その最たるものは、自分が時間を取られることに鈍感になるうちに、人の時間を取ることにも鈍感になっていくこと。**人の時間を奪うことに鈍感な人間が多すぎる。**

たとえば、**電話をかけてくるバカ**。

電話は、他人の時間に割り込みをするツールです。あなたが電話をかけるとき、相手は必ずなにかほかのことをしています。ぼくは毎日分刻みのスケジュールで動いていて、移動時間や、ミーティングとミーティングのあいだにできる細切れの隙間時間も、ニュースやSNSのチェックに活用している。**電話は、その時間に強制的に割り込んで、その集中を途切れさせるんです**。

いまはほとんどの人がスマホを持っている時代です。連絡やちょっとした打ち合わせは、**LINEやメールやスラックで十分**。それらを使うほうが、相手の時間に強制的に割り込まないという意味で、**礼儀正しいコミュニケーションです**。こちらも隙間時間や、あるいはミーティングをしながらでも返信できる。

だからぼくは、電話はいっさいとらない。簡単に他人に電話をかけるという時点で、**そいつは他人の時間を奪っていることに無自覚なバカということ**。そんな人間とは仕事をしたくありません。

この話は何度もしているんだけど、理解できない人が一定数いるようです。ピンと来ない人には、サラリーマンが多い。最近、その理由がやっと少しわかってきました。

ようは、サラリーマンにとって、**勤務時間とは、企業に奪われた時間**。サラリーマン同士が仕事の電話をかけるのは、奪われた時間同士の掛け合わせにすぎない。お互い、とっくに自分の時間じゃないんだから別にいいじゃん……。そういう諦めがあるんでしょう。

サラリーマンでも、休日の日曜日に、つまり「自分の時間」に、会社から電話がかかってきたら、さすがに嫌でしょう？

ぼくや西野くんは、365日24時間、自分の時間を生きています。**ぼくに対して電話をかけることは全部、サラリーマンの休日の電話と同じなんです。**

ここまで言えばやっと伝わるかな（笑）。

また、**自分の時間を差し出すことで、服従を表現する文化も大嫌いです。**

社会学者の古市憲寿くんは、「手書きの手紙をよこしてくる編集者とは仕事をしたくない」と言っています。まったく同感。

メールのほうが早く書けるのにわざわざ手書きで書くというのは、無駄な時間を使って、つまり自分の時間を差し出すことで、相手にへりくだっているつもりなんでしょう。**その理屈がもう、キモい。**


三国志の故事に、**「三顧《さんこ》の礼《れい》」**ってあるじゃないですか。名軍師の諸葛亮孔明《しょかつりょうこうめい》を口説くために、劉備玄徳《りゅうびげんとく》が三度も頭を下げに行ったというやつ。

現代では反面教師にすべき故事成語です。立場が上とか下とか関係なく、現代だったらＬＩＮＥで「軍師やって」って送って終わりでしょ。**俺が欲しければ同じことを言いに三度訪ねて来いなんてやつ、名軍師じゃない。バカです。**


相手が上司でも、**あなたの時間を差し出せと言ってくるやつは無視していい。**

逆に、あなたが組織で部下を持つ立場なら、時間を差し出して服従を表現せよ、みたいなことをやめれば、支持は大きくなるでしょう。

電話もやめて、飲み会に「付き合え」なんて言わないことです。

まとめ

- 時間を奪われることに鈍感な人間は、他人の時間を奪うことにも鈍感。特にサラリーマン。

- すぐに電話するな。電話は人の時間に割り込む、悪のツールだ。

- 「三《さん》顧《こ》の礼《れい》」は反面教師にすべき言葉。諸葛孔明《しょかつこうめい》はバカ。

- 無駄な手間暇かけるバカと付き合うな。

西野 亮廣

善意なら何でもありのバカ

いまさらですが、人様をバカ呼ばわりできる身分じゃありませんが、これだけは言わせてください。

善意のバカは本当に嫌いです。本当にタチが悪い。

バカにもいろいろあるけど、**自分がいいことをしていると信じて疑ってないから**、なにを言っても耳を貸さない。つまり、**バカの中でも止めようのないバカ**という意味で最悪です。

たとえばこういうことがありました。

むちゃくちゃ風が強い日に、自転車が倒れまくっていました。そのまま通り過ぎようと思ったのですが、**あるおばちゃんが、倒れてる自転車を片っ端から立たせていくんです**。で、ぼく、さすがにガマンできなくなって、**おばちゃんが立たせた自転車を片っ端から寝かせていったんです**。

だって風はまだ止んでないじゃないですか。この状態で自転車を立たせたら倒れますよね。次に倒れたときに、当たりどころが悪くて壊れちゃうかもしれない。

おばちゃんは、自転車が壊れるチャンスを作っているんです。そしたら、**めっちゃ怒られたんですよね**。「あんた、なにしてんの！」って(笑)。もう面倒臭いからごめんなさいって言って逃げて来たんですけど。

ようは、「自転車を起こすことはいいこと」っていうのが、おばちゃんの中で完全に定式化してしまっているんですよね。どんなに合理的に説明しても、理屈の問題ではなくなってしまっている。なぜなら、おばちゃんの中ではそれは善だから。つまり、**善というのが、思考停止をする口実になってしまっている**。「これはいいことだからいいんだ！」みたいな。

最近だと、被災地に千羽鶴を送るというやつもまさに同じです。それ被災している人にさらに迷惑を押しつけることにしかならないから……と説明しても、それでも頑なに「これは善意。口出しされる筋合いはない」と開き直る人がいる。

善意って、すごい強大な力を持っているんだと思います。人類はずっと昔から、それがどういうものか哲学的に考えてきている。

ただなにが強大かというと、**人を思考停止させる力が強大なんだと思います。**自転車のおばちゃんも千羽鶴を送る人も、善意とは関係ない話だったら、もしかしたらちゃんと冷静に人の話を聞ける人かもしれない。だけど、善意で動いているモードになったらもうダメ。

ぼくはSNSやいろんなところで、批判的意見をもらうことも少なくないいんですけど、それらは基本的に参考になる意見なんですね。SNS上で反論していると、**「西野がまた素人に嚙みついてる！」**とか言われることもありますけど、そもそも、話が通じない相手だと思ったら反論していません。対等に議論できる相手だと思うから反論もできる。

でも批判的意見の中で、**やばいな、と思って警戒するのは、その人の言い方が善意に満ちているとき**。「私は西野さんのことが好きだから、西野さんのことを思って、ぜったいにこうしたほうがいいんです」みたいな。

この人、こっちがなに言っても耳を貸さない人だなって、直感的にわかりますよね。で、意見を押しつけてくる。**ただのアンチの人よりずっと厄介。**

独善的、つまり独りよがりの善っていう形容詞がありますけど、逆に、**世の中に独善じゃない善ってどれくらいあるんですかね？**

ぼくも、いいことをするのは好きなんです。だから、善意で行動したくなる人の気持ちもわかる。たとえば、**「はれのひ」の振袖詐欺《ふりそでさぎ》の被害にあったみんなのために成人式を開催**したとき、喜んでもらえてすごく嬉しかった。正直、めっちゃ気持ちよかったです。

でもそのときも、結局自分も喜んでるんだから、**そこには少し独善性は入ってるんですよね**。いわゆる、自己満足というやつです。だからこそ、いいことをするときは、ふだん以上に慎重にならなければいけないと思ってます。**空回りした独善じゃなくて、ちゃんと人のためになる独善になるように**。思考停止しないように。なぜなら、それだけ善は怖いものでもあるからです。

まとめ

善意のバカは、止めようがないから厄介。

善意には思考停止が潜みがち。どんな善でも大なり小なり独善的で、自己満足も入っている。

それがちゃんと人のためになる独善なのかどうか、つねに理性を働かせるべし。

堀江 貴文

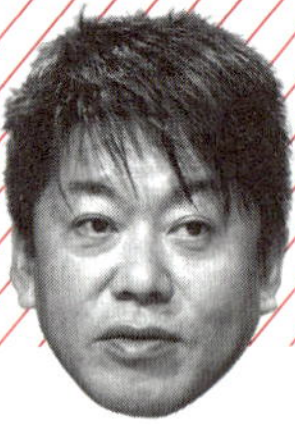

マナーを重んじて消耗するバカ

「了解」だけで済む話

ぼくは自分の時間を生きたい。自分の人生を生きたい。

だから昔から、無駄な時間が大嫌いでした。オン・ザ・エッヂを創業して間もないころでも、**商談相手が天気の話を始めたらすぐにさえぎりました**。「ビジネスの話をしましょう」って。

以前、新幹線で、前の席のやつが「シートを倒していいですか」と訊《き》いてきた。**そんなこと訊《き》かずにシートくらい勝手に倒せよ**、「いいですよ」と答えるぶんだけの俺の時間をとるな、とツイートしたら、炎上しました。

あと、**飛行機の手荷物検査**。「ペットボトルの中身をお調べしてよろしいでしょうか」って、聞くまでもないでしょ(笑)。こっちだって、それが安全管理上必要な検査なのはわかってるし、それにノーと答えたら飛行機に乗れないんだから。なのに、「はい」と答える時間をとろうとする。

この３つの例、全部に共通することがあります。

まず、ぼくの時間を無意味に奪っているのがダメ。そのうえ、よく考えてみると、**他人の時間を奪っておきながら、その人もなにも得ていない**。天気の話を振ってみたところで、自分もなにも得るものがないでしょ？　ぼくだけじゃなくて向こうも時間を無駄にしている。

慣習、常識やマナーの一番嫌なのはこういうところです。会社に自分の時間を取られるなら、その時間で会社は利潤を生む。会社は得をする。**でも常識やマナーは、「自分の時間」も「他人の時間」も消耗するだけで、なにも生産していない。**

「自分の話を聞いてください！」ってやってきて、自分のメリットのためにぼくの時間を奪うやつのほうがまだマシなくらい。いや、そういうやつも嫌いですけどね（笑）。

ぼくは以前『**99%の会社はいらない**』（ベスト新書）という本を書きました。「自分の時間を生きろ」とも何度も言っている。でも日本のサラリーマン率はいまだ8割強。「すぐにライフスタイルを変えるのは怖い」。

もうそれならそれでいい。だけど、ここだけ考え直してみてください。

仕事とプライベート、どちらの時間の中でも、常識やマナーのために時間を

取られていませんか？　それは、自分の時間も他人の時間も奪う、誰得な時間ではありませんか？

それらを見つけて、カットする。お互いのために。

ライフスタイルを抜本的に変えずとも、たったこれだけで、**あなたの「自分の時間」は案外増えるはずです**。

たとえばビジネスメール。「お世話になっております」とか「お忙しいところ恐れ入ります」って、書かなきゃいけませんか？　働いてる人は全員忙しい。それをわかってるなら、そんな定型の挨拶なんてないほうが、書く時間も読む時間も短縮できるでしょ。

これは断言するけど、**仕事ができないやつほど、メールが長い**。1000文字もあるのに、添削すると100文字で書ける内容だったりする。9割は無駄な慣習と忖度《そんたく》。**マナーと忖度《そんたく》で着膨れしたメールを送りつけるのはやめましょう**。

あと、ツイッターで「FF外から失礼します」って書くやつ。意味ねーよという話です。そんな言い方、数年前にはなかった。**ないところにわざわざ不要なマナーを作ったバカ**がいるわけです。

常識やマナーに従うのもバカ。風紀委員みたいに、「マナーに従え！」と他人に口出ししてくるやつはもっとバカ。最上級のバカは、マナーを作るバカです。

「了解しました」は目上の人に使ってはいけないとかいうやつ。これ、**マナー教育を仕事にしている一部の人が捏造《ねつぞう》したものだった**、というのがいまでは定説です。

どれもそんなもんでしょ。**マナーなんてどこかのバカが作ったものです。**

ぼくには、「了解」のLINEスタンプでいいです。**早いから。**

まとめ

世にはびこる「マナー」や「慣習」の大半は無意味。
そのうえみんなを消耗させる。

仕事ができない人ほどメールが長い。
マナーで着膨れしたメールを送りつけるな。

最近、ツイッターで見かける
「FF外から失礼します」って言葉。まさに意味なし。

いまもどこかのバカが不要なマナーを作っている。
ぜんぶ無視しよう。

西野 亮廣

自分は老害に
ならないと
思っている
バカ

時代を見てきて尚且つ未だに
最先端を行くワシの言葉を
聞かせてやろうじゃぁないか

THE・老害

単純に、**怖いんですよ。自分が老害になるのが**。実際の老いよりも、老害になることのほうが怖い。

だから、いま30代ですけど、何十年後にどうやったら自分が老害にならずに済むか、いまから考えているんです。

世の中、老害になろうとしてなっている人っていないと思います。でも、老害はいる。たくさんいる。ということは、**老害って、気をつけないと放っておくとなってしまうものなんです**。

老害って、簡単に言うとこんな感じですよね。**本人は「俺はまだまだ新しい感覚の持ち主だぞ、時代についていっているぞ」と思っているけど、実際は古い**。新しいことについていけてないけど、無理についていこうとして、ほうぼうに迷惑をかけている。年齢もいっているから、偉くなっていたりして、後輩とか若い人もそれを指摘できない。

自分が古いことを言っているという自覚がある人って、老害じゃないと思います。それは、円熟です。まだ自分は若いまんまだと思って、古いことを言っている人が一番厄介という話です。

じゃあそうなるのを避けるにはどうするか。

いろんな人を見ていて思うのは、やっぱり、**感覚を若いまま保《たも》ちつづけるということを、精神論でやるのは無理**ということです。気持ちで乗り切れるものじゃない。

身体能力が衰えていくのと同じで、精神力も必ず衰えていく。精神が衰えた状態だから、自分が時代とずれていることも自覚できなくなっているんじゃないかと思います。まだそうなったことないからわからないけど。だから逆に、**まだ衰えてないいまのうちに対策をしておかなきゃいけない**。

それは、**精神論ではなくて、システムを作ることです**。自分の能力が落ちても、その中で自分が面白く活動できるシステム。それがあれば、ワシはまだまだ現役じゃ！と言ってポジションにしがみつく必要がなくなるはずですから。

そのシステムの構築は、まだ模索中ですが、まずひとつ確信してやっていこうとしているのは、**「若手に譲っていくこと」**です。将来、自分のポジションにしがみつくことがないように、いまから**「譲りグセ」**をつけていかなければいけないんです。

実際に、2017年12月にスタートした**「レターポット」**という事業は、黒字化したタイミングで、オンラインサロン（西野亮廣エンタメ研究所）に譲りました。2018年1月に開店した**スナック「キャンディ」**も、後輩のホームレス小谷くんにあげました。

ぼくは、**1年にひとつ、うまくいっている仕事を必ず手放していくことを、ルールとして自分に課しています**。

理由のひとつは、譲りグセをつけるため。いまから慣れておかないと、歳をとってすぐにできることじゃない気がするんで。

「うまく行っているものを譲るなんて、もったいなくないですか。普通できないです」とも言われます。もちろんぼくにも、もったいない気持ちがないわけじゃない。でもそれができなくて、結果的に老害になっている人を何人も見ているので。**しがみついちゃいけないということは、歴史が証明しているん**です。

もうひとつの理由はやっぱり、時間が限られているから。やりたいことが次から次へと出てくるうちにもっと走るには、新しいことを始めるために、なにかを手放して自分の時間を作らないといけない。1日が24時間であることは全員にとって平等な事実です。

老いもまた、誰にとっても平等に、必ず訪れるものです。

少しでも気を抜くと、老害になってしまうので、精神論ではなく、システムで回避していきたいと思います。

まとめ

老いは平等に訪れる。「自分だけは」と意地を張っても無駄。その意地が老害につながる。

老害とは何かにしがみつくこと。だから若いうちに「譲りグセ」をつけておこう。

ぼくは1年にひとつ、仕事を手放すことを自分に課している。

アンチ老害化のふるまいが結果として、あなたを活性化させる。

堀江 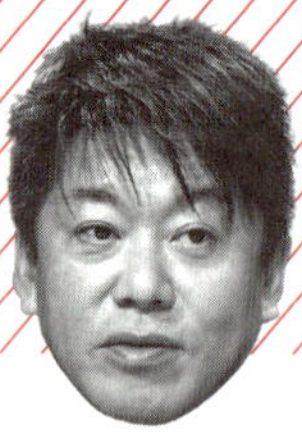 貴文

孤独を怖がるバカ

ぼくは、**遊ぶのも好きだし、ビジネスをするのも好きだし、新しいことを学ぶのも好き**。この3つはぼくにとって渾然一体《こんぜんいったい》となっていて、カテゴリ分けできるものではありません。「これは遊び、あれはビジネス」とかじゃなくて、**全部「やりたいこと」という同じフォルダに入っている**。

やりたいことをやる時間こそが、自分の時間。ぼくはその時間を生きることでずっと忙しい。だからそもそも、バカと付き合っている時間がないんです。

本書のタイトルは『バカとつき合うな』。だから避けるべきバカを紹介していっているけど、じゃあ逆に、どういう人と付き合えばいいかと問われると、正直、なんて答えればいいかわからないんですよね。**自分から人間関係を拡げようとした経験がないから**。

やりたいことをやっていたら、いっしょに事業をできる人や共感してくれる人、応援してくれる人が自然と集まってくる。西野くんとの出会いだってそう。ぼくのコミュニケーションサロン「HIU（堀江貴文イノベーション大学校）」も根本はこれです。

ぼくにとって人間関係は、拡げるものじゃなくて、勝手に拡がるものなんです。

自分のまわりに誰もいなくなることなんて、心配したことがない。

いまでも取材で訊《き》かれることがあるんです。**「いわゆるライブドア事件の前後で、金の切れ目が縁の切れ目とばかりに、人間関係を失ったでしょう」**って。そういうストーリーに落とし込もうとする下心が透けて見えて、大嫌いな質問です。

そりゃあ去った人もいるでしょう。でもそんなやつの顔なんてもう覚えてない。**人間関係なんてつねに変わりつづけるものだから。**

けど、ぼくのまわりから人がいなくなったことは一度もなかった。事件直後も、収監中も。

だから逆に、なんでそんなことを何人もの記者が訊《き》いてくるのかもわからなかったんですね。けど、最近やっとわかってきた。

「孤独になったらどうしよう」と恐怖している人って、世の中に多いんですね。だから、なくならない人間関係の作り方について、ヒケツを教わりにくる。書店には人との付き合い方の本が並ぶ。

そういう書籍の中で、ぼくが薦められるのは**『嫌われる勇気』**（岸見一郎&古賀史健／ダイヤモンド社）だけです。あ、あと**『バカとつき合うな』**か（笑）。

ある種の人は、孤独を恐れているのでしょう。たしかに、こういう話は世に溢《あふ》れています。**「定年退職した人が、いざ自分の自由な時間を持ったときに、付き合ってくれる仲間が誰もいなかった」**。それで結局、行くところがなくてずっと家にいる、みたいな。

ぼくに言わせれば理由は簡単。その人のサラリーマン時代は、会社に譲り渡した「他人の時間」の時代。気があうと思っていた取引先も同僚も部下も、会社という他人ありきの関係。**その人間関係は「他人の時間」が終われば同時に終わる**ものだった。**それは本質的に、自分の人間関係ではなかったんです。**

あなたが本当にやりたいことをやって、自分の時間を生きていたら、それにふさわしい「自分の人間関係」は、自然とできてくるものです。もっとも、自分の時間を生きている人に、孤独を恐れている人なんて見たことがないですけどね。西野くんなんて明らかにそうでしょ。**でもそういう人にかぎって、その人を慕う仲間に囲まれている**。

裏を返せば、やりたくない仕事を嫌々やって、押し付けられた他人の時間を生きていくほうが、**まわりに同じような人が一見多そうに見えても、実は孤独リスクが高いルート**。そういうことでしょう。

「自分の時間」はあなたを守る。一方、「他人の時間」は、あなたを守らないどころか、最終的に孤独に追いやるのかもしれない。

まあ、ぼくは他人の時間を生きたことがないんで、わかんないですけどね。

ま と め

仕事を嫌々やっているうちは上辺の人間関係しか作れない。もちろんあなたの助けにはならない。

本当にやりたいことをやっていれば、自然とそれにふさわしい人間関係が拡がっていく。

人間関係なんてつねに変わり続けるもの。孤独になろうがなるまいが気にするな。

西野  亮廣

一貫性にこだわるバカ

はぁ!?漫画家とけん玉選手の両立!?失礼だろうが!!
どっちか１つに専念しろ!!
別に何も失礼ではない

以前、ぼくのオンラインサロン（西野亮廣エンタメ研究所）のイベントで、**「相談がある人、全員の話を聞きます」っていうのをやってみた**んです。8時間くらい相談を聞きっぱなし。200人くらいいたので、ひとりあたり2、3分なんですけどね。

200人に発信しようと思ったら1ツイートすればいいだけだから、それに比べれば時間のコスパは悪い。でも**実際に1対1を200回やったからこそわかった**ことがありました。こういうのは10人じゃダメで、**過剰なくらいじゃないとダメです**。毎回テーマが違うから頭を使うし、相談を通して、ぼくのほうがいろんな人の経験をもらいました。

3ケタの人の話を聞くからこそ、みんなが共通して困っていることがわかってくる。

ひとことで言うと、**お金と広告**。ユーチューバーならどうやってチャンネル登録者数を増やすかという集客の問題であり、本を出版した人ならそれをどうやって売るかという問題。やっぱり**ビジネスをするうえで必ずぶつかる問題が**

お金と広告であり、逆に言うと、このふたつがほとんどです。

「現代のお金と広告」という副題の前著**『革命のファンファーレ』**（幻冬舎）でも、そのあたりは詳しく書きました。

ではその前提として、会社など組織に属した状態でビジネスをやるか、それとも独立して個人としてビジネスをやるか。つまり**「自分は独立すべきでしょうか？」**という相談も多くありました。

結論としては、**両方やればいい**と思います。**迷っているということは、両方の選択肢のそれぞれのメリットが見えているということ**ですから。じゃあ両方のメリットを総取りできるやり方が一番いいに決まってるじゃないですか。

サラリーマンだけど独立してますって、たしかに言葉としては矛盾しているかもしれません。でもポイントは、両方のメリットを使えていること。それができていれば**言葉の定義なんてどうでもいい**と思います。

会社に籍を置きながら、会社の仕事もしながら、個人としても活動する。もちろんそれぞれの人によって、会社の副業規定が厳しいとか、事情はバラバラだと思います。でも社会全体の方向としては、**副業を許容する会社がこれから増えていくだろう**ということは、堀江さんをはじめ多くの人がもうすでに言っていますよね。

これからは、単純に「個人の時代」とかじゃなくて、**「組織人と個人を自由に横断できる時代」**になっていくんでしょうね。独立していたけど、ある事業のために組織に入って、役目が終わったらまた事業主をやる、とか。

ここで挙げたいバカは、そういうスタンスを取ることに対して、**「どちらかひとつに立場を絞れ」みたいなことを言うバカ**です。「会社に籍を置いているなら独立しているとは言えない」とか。

ようはこれ、組織か個人か、というその人の中の二分法に収まれ、と言っているわけです。新しいことをやろうとする人が、古くて固い頭の分類に収まる必要はありません。

両方やればいいし、**一度独立しても、また戻っていい**。そういう動き方をするときに、**頭の古い人に文句をつけられることを怖がっていたら、あなたまで頭の古いバカになってしまう。**

ぼくのことで言えば、個人としてたくさん事業をやっているけど、吉本興業に籍を置くメリットもあるから、まさに両方の立場を取っています。

自由に行動しようとするときに、**他人から見たときの一貫性なんて二の次でいいんです。**

ぼくは「ディズニーを倒す」ってずっと豪語してますが、ディズニーさんからいっしょに組みませんかと誘われたら、**「是非！」とお返事して、吉本興業を倒しにいきます（笑）**。

まとめ

いまは会社に籍を置きつつ、個人として活動できる時代。ますます企業は副業を許容するだろう。

無理に独立するメリットはない。

組織と個を自在に横断できれば、あなたの可能性は無限だ。

自由でありたいのなら、一貫性なんて捨てよう。

堀江　貴文

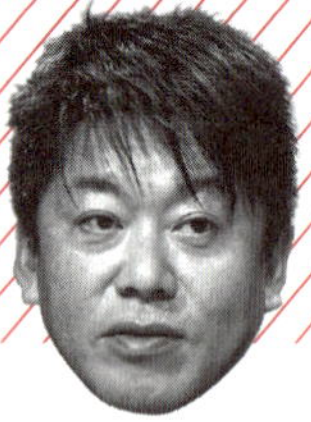

未来に縛《しば》られるバカ

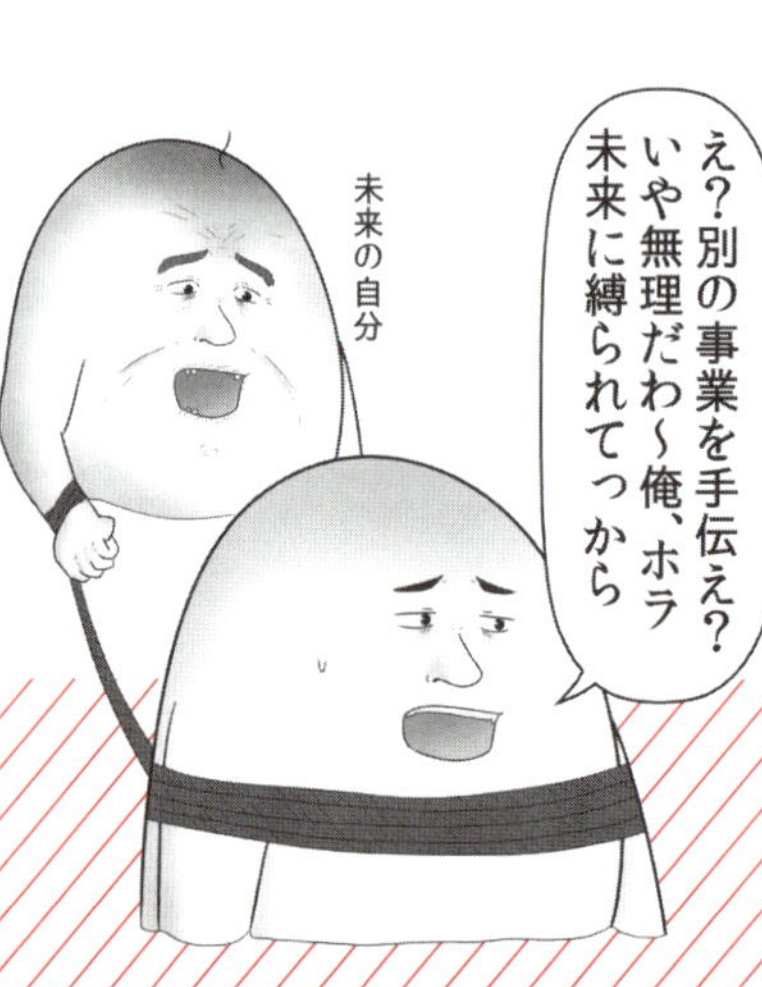
未来の自分
え？別の事業を手伝え？
いや無理だわ〜俺、ホラ
未来に縛られてっから

自分の時間を生きることにあわせ、**ぼくがこだわっているのは、現在を生きることです**。

「そんなの誰だって、現在を生きてるでしょ」と言う人もいるかもしれない。

でも、あなたが生きているのは、本当の現在ですか？

哲学の議論に、こういうものがあるそうです。

近代になってから、「過去〜現在〜未来」と一直線につながる時間イメージが、大衆にも浸透し一般化した。

それ以後、現在という時間を、過去と未来に挟まれた中間点として把握《はあく》するようになった。つまり、「過去でも未来でもない時間」として、現在を逆算的に理解するようになった。

そのことで、**近代以降の人間は「真の現在」を生きられなくなった**のだと。

ぼくは哲学なんていっさい興味ないんですけど、これはヒントに富んだ話だと思います。

将来あれをやるために、いまこれをする。**つまり未来から逆算して現在を生きているとき、それは「真の現在」ではない。未来に縛《しば》られた現在なんて、偽の現在だと**。

ぼくは教育と就労の旧来的モデルをずっと批判してきていますが、ようは、そこにある「未来からの逆算」が気にくわない。

なぜ受験勉強するか、いい大学に入るため。なぜいい大学に入るか、大企業に就職するため。なぜ大企業に入るか、老後に十分な退職金と年金をもらうため。

老後、もっと言えば、最後に死ぬときから逆算して現在を生きるなんて、ぼくはぜったいにやりたくない。ぼくに言わせれば、**そんなのは、死に縛《しば》られた生き方です**。

前に、**「寿司職人になるために何年も修行するのはバカ」**とツイッターで書きました。旧態依然とした業界の、**未来をエサにして、若者に時間を浪費させる体質**が気に食わなかった。3年見習いをやったら飯炊きを教えてやるって、ようは、親方が「お前の現在を犠牲にしてみせろ」と言っているわけです。**飯炊きくらい初日に教えてやれよ。**

もしあなたが、親方側、つまりノウハウを持つ側だとしたら、若者に対してそんなことはしないほうがいい。**未来のために現在を犠牲にできるような顔つきのやつしか集まらなくなるから。**面白い若者はぜったいに寄り付かない。

ぼくは、**メディア・アーティストの落合陽一くん**と共著で**『10年後の仕事図鑑』**（SBクリエイティブ）という本を出しました。

AI技術の成長によって、社会全体が大きく変わろうとしている時代なのはたしかです。話をわかりやすくするために、具体的に「こういう仕事がなくなるだろう、減るだろう」という予見も書いている。

でも**ぼくからの最重要メッセージは、「未来をあれこれ想像して、不安に思うことに意味はない」**ということです。

同書の終盤、ぼくと落合くんはそれぞれ別の言葉で締めくくります。

落合くんは、「技術の発達を見越して、自分を差別化できるポジションを取れ」と言う。もっともな意見です。落合くんは開発者だから、彼がいま作りたい未来を、いま手を動かしながら作ることができる。

でも**素人が「次はこれが来る」と相場読みみたいなことをしても意味がない。**そんなの、当たるも八卦当たらぬも八卦です。**星座占いでその日の行動を決める人と同レベル**。

どうせそうなら、**いま目の前にあるものが、あなたがワクワクできるものかどうかを大事にしてほしい**。

落合くんは、**「近代を脱せよ」**といつも言っています。

それになぞらえるなら、ぼくは、**「過去〜現在〜未来」という近代の時間イメージを捨てる**ことをオススメしたい。

過去や未来という概念《がいねん》は、人間がもともと生まれ持っていたものではありません。子どもを見てください。熱心に現在だけを生きているでしょ？

子どものように、真の現在を生きてください。それも、熱心に。

まとめ

未来は予測不能。「次はこれが来る」という読みは、星占いと変わらない。

未来から逆算した現在なんて「偽の現在」。未来に縛《しば》られるな。

老後の設計など間違ってもやるな。そんなのは「死に縛《しば》られた生き方」だ。

子どもを見てほしい。熱心に現在だけを楽しんでいる。子どものように真の現在を生きよう。

西野　亮廣

空気を読むバカ

A案を支持してるけど人が多いB案に切り替えよう…
B案 支持率95%
A案 支持率5%
なんたって俺は空気が読める男だからな

新刊**『新世界』**（KADOKAWA）に、もう少し詳しく書かせていただいているのですが、**最近、チョコチョコと耳にする「信用経済」について。**

【貨幣経済】たくさんのお金を持っていれば、その分だけ人生の選択肢が増えて、その分だけ自由を獲得することができる。

【信用経済】たくさんの信用を持っていれば、その分だけ人生の選択肢が増えて、その分だけ自由を獲得することができる。なぜなら**信用が〝換金〟しやすくなった**から。

こんな解釈で、おおよそ間違っていないと思います。

ポイントは、クラウドファンディングやオンラインサロンといった**「信用が換金できてしまう装置」**がポコポコ出てきたという点ですね。

この本を手にとってくださっているような方は、薄々お気づきだと思いますが、クラウドファンディングやオンラインサロンは「認知度の高い人」ではなく**「信用度の高い人」が勝ち組**になっています。

TVタレントが軒並み負けていて、**堀江さん**や**落合陽一さん**や**幻冬舎の箕輪《みのわ》さん**といった方々がブイブイ言わせています。

信用度の高い人……言い換えれば「嘘をつかない人」ですね。

場がシラケようが、立場が悪くなろうが、不味《まず》いモノに対して「マズイ！」と言えちゃう人たち。

彼らが日々続けているのは、「お金稼ぎ」ではなくて「信用稼ぎ」で、お金は自分の好きなタイミングで自分の信用を換金して作っています。

「お金」が無くなる未来がいますぐやってくるとは思えませんが、**「お金持ち」ではなく「信用持ち」が生きやすい世の中になってきた**のは明らかです。

てなわけで、この時代においてなかなか**危険な行為は「空気を読む」**ですね。

一番の問題は、世間一般で使われている「空気を読む」の意味が、「大局を見る」ではなく、「多数派側につく」になっている点です。

つまり、小船と大船があったときに、問答無用で大船に乗り込んでしまう行為が「空気を読む」になってしまっています。

「大船はよくよく見ると船底に穴が空いているし、荷物の積み方もバランスが悪いし、そもそもタイタニック号だし……でも、皆が乗っているからぼくも大船に乗ろう」

これです。

金魚ぐらいの脳ミソが搭載されていればやれてしまう作業です。

まさかまさか「俺は空気が読める男だ！」と誇れるようなものではありません。

〝世間一般でいうところの「空気が読めるヤツ」〟は、**意思決定を大衆に委《ゆだ》ねてしまっている**ので、おかげで、信用することができません。

信じてついていったら、タイタニック号に乗せられてしまうことがあるからです。

本来、「空気を読む」というのは「大局を見て、意思を決定する」という意味で、船の航路、積み荷のバランス、残りの燃料、船長の腕……それらすべてを見たうえで、自分が乗り込む船を選ぶ作業であるはずです。

ですが、いまは、誰もその意味で使っておらず、**ただただ多数派側について「俺は空気が読める！」「アイツは空気が読めない！」を議論**しているので、ビックリするぐらいバカなんだと思います。

冒頭で信用経済の話をしたのは、ここにつながっていて、「世間一般でいうところの『空気を読む』を続けていると、信用が落ちて、自分の力でお金が作れない身体になって、自由が遠退《とおの》いてしまいますよ」って話です。

自由を手に入れたければ、空気を読むバカとか付き合わないほうがいいですね。

まとめ

これからは「信用経済」の時代。
「お金持ち」ではなく「信用持ち」を目指そう。

「信用」は換金できる。
より自由に生きられる「信用持ち」こそが勝ち組だ。

「信用」は「嘘」で下落する。
場がシラケようと不味《まず》いものには「マズイ！」と言え。

自由でいたければ、
多数派に飛びついてはいけない。

堀江　貴文

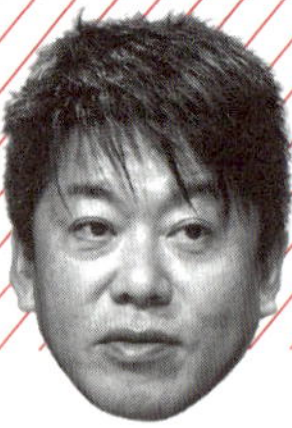

バカを笑って、自分は棚上げのバカ

ぼくは本書を含めて、いろいろな本を出版してきました。出版のオファーをもらえるのはありがたいことだから、書籍を通して、自分なりの考え方を、これまでも何度も伝えてきています。

ただ毎回ジレンマを感じるのが、**ぼくが言っていることは、実際の行動が伴わなければ意味がないということ**。だから本なんて読んでないで、いますぐいっしょに動こうぜ！という言葉がいつも喉元《のどもと》まで出てくる。

これは西野くんも同じ考えじゃないかな。**せっかくぼくらの本を読んでくれる人たちに、読んでその気になって終わりにしてほしくないんです**。

でも、**これまでもすでに多くの人が、ぼくをきっかけに行動を始めてくれました**。その一部には、ぼくの主宰する「HIU（堀江貴文イノベーション大学校）」に参加して、文字通りぼくといっしょにプロジェクトを進めている人もいる。

だからジレンマというより、みんなが行動を始めた姿を全部は見届けられないのが歯がゆい、という感じですかね。

そもそも、ぼくや西野くんに出版のオファーが来るのは、行動している人間だからです。小説家や評論家だから本を出しているわけじゃない。

「やりたいことをやっていたら、共感する人が自然とまわりに集まってくる」と前述しましたが、出版のオファーはまさに、そうやって集まってきたものなんです。

最後に紹介するバカは、**行動しない自分を棚上げにして、他人を笑っているだけのバカ**です。

高みの見物をしているつもりで、腕組みしながら人の言動にケチをつけているだけの人。世の中にはどうも、**そういう人がいるらしい**です。

どうして「らしい」と言うかというと、**自分のまわりではそういう人を実際に見たことがないから**。仕事仲間にもいないし、HIUの中にもいない。本当に実在するのかな？　ぼくにとっては、ヌエとか、ユニコーンとか、想像上の架空の生き物と同じですね。

ツイッターで、アンチらしきアカウントがぼくの言動に粘着してくることはよくあるけど、どれもこれも総じてレベルが低い。**行動が伴わない人の思考は浅いんです**。レベルが低すぎて、ツイートの向こうに人間の思考を認識できない。ああいうアカウントって、**自動ｂｏｔなんじゃないかと思ってるんですよね**。つまり、ぼくにとっては存在していないも同然なんです。

だからこれは、これまでに書いてきたバカとはちょっと違っていて、バカでさえない。**バカ以下というか、無です。存在以前**。

まあ仮に、世の中にそういう人が存在するとして、ぼくからそういう人にかけてあげられる言葉が、ないんですよね。

２０１３年に他界した**元イギリス首相のマーガレット・サッチャー**は、かつてこう言いました。

「金持ちを貧乏人にしたところで、貧乏人が金持ちになるわけではない」。金持ちや成功者を嫉妬《しっと》で攻撃しても、そうする人の財布が潤うわけがない。

それと同じで、「行動している人に文句を言っていても、**文句を言う人間が行動できる人間になれるわけがない**」。

みなさんの中には、なにか行動を起こそうと思いながらも、それが失敗するんじゃないかと怖がっている人もいるかもしれません。

行動しなければ失敗もしない。でも**失敗を恐れて行動しないでいると、「存在しない人間」に近づいていってしまう**。


一方、なにも行動しないで文句ばっか言っているアンチの人へ……本書の読者は、このページの写真を撮ってアンチさんに見せてあげてください（笑）。

あなたの目線なんて、本当に行動している人はいっさい気にしてない。

あなたは、無です。存在しない。


失敗する未来を想像してしまって行動できないというのは、それも未来に縛《しば》られているということです。

行動することは、いま現在を生きていることの存在証明です。過去も未来も見ずに、行動してください。そうやって、**存在してください**。

まとめ

行動せずに他人を笑っているだけの人は、バカ以下。無である。

行動すれば失敗もある。それでいい。

行動せよ。そのことによって、存在せよ。

第3章

ふたつの「バカ」

堀江 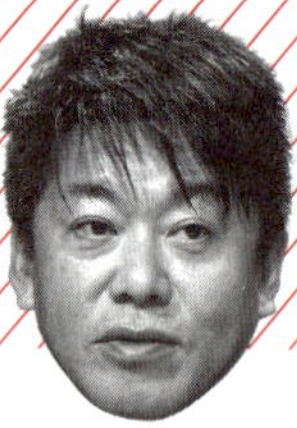 貴文

西野亮廣という「バカ」

西野亮廣は、バカである

この章では、最後に大物のバカについて語りたいと思います。
ということで、ここで西野亮廣というバカをご紹介します。

西野亮廣は、バカです。

それも、**非常に優秀で、頭のいいバカ**です。

世の中には、いいバカと悪いバカがいます。第1章と第2章でぼくと西野くんが説明してきたのは、すべて悪いバカです。付き合ってはいけない、自分自身がそうなってはいけないバカ。

一方、ぼくの一部の読者は知っている通り、ぼくは**「バカになれ」「バカは成功する」**というメッセージもこれまで発信してきています。**『バカは最強の**

法則』（小学館）という著書もある。

つまり、いいバカ、そうなるべきバカもいる。

西野くんは現代で一番見本になる、最良のバカのひとりだと思います。

この本でも、**未来を予測するな、現在だけを生きろ**と述べました。なまじ先のことを予測して、その想像力に縛《しば》られて、いま動けなくなる。あるいはほかの人と同じことしかできなくなる。そういうあり方を「未来に縛《しば》られている」と表現しました。

はっきり言って、**どんなチャレンジでも、100%確実に成功する保証があるものなんてどこにもありません**。成功するかもしれないし、失敗するかもしれない。これは、あらゆるものがそうです。ということは、本来それは「考えてもしょうがないこと」のはずです。論理的にしっかりと考え詰められる人は、そのことを客観的に理解できる。

でも未来に縛《しば》られた人は、「失敗するかもしれない可能性」に縛《しば》られてしまう。ぼくに言わせれば、それは考えが足りないから。中途半端にしか考えてない。**考え詰めれば、それを考えてもしょうがないことに必ず行き当たるはずです。**考えることは利口の特権ですが、ほとんどの人が**「小利口」止まり**なんです。そして足踏みする。

そんな小利口をやるくらいなら、最初からなにも考えなくていい。**先のことを考えず突進していくバカ**は、その意味で強い。結果的に、「考えても意味がない」という考え詰めた利口と同じ結論を持っている。その上、考えることに時間を費やさなかった分、**バカのほうが利口より時間コスパがいい**。利口が考え詰めているあいだ、そして小利口がちょっと考えて結局足踏みしているあいだ、バカはもう行動しています。「過去と未来に縛《しば》られず現在だけを生きよ」なんて、この本で読まなくても、**いいバカはすでに現在だけを生きているんです。**

そうやって、バカは人より多くバッターボックスに立つ。バットを振らなきゃヒットを打てないんだから、**バットを振った回数が多い人ほど成功する。**これだって、論理的に考えればごく当然のことです。

ここまで読んで、誰か思い当たりませんか？

そう、西野くんです。**西野亮廣そのもの**。

彼はとにかく、バットを振るんです。絵本はもちろんのこと、単独公演のチケット手売りとか、美術館建設とか、町作りとか、はっきり言って、彼がこれまでどんなことにチャレンジしてきたか、全部は把握《はあく》していません。多すぎて（笑）。

中には失敗したものもあるでしょう。ただそんなこと、ぼくからすれば単なる「当たり前」のことで、彼のイメージを損なうものではいっさいありません。**全部が成功するわけないなんて、同じようにたくさんのことを手がけているぼくが一番よく知ってます**。

手本にしてほしいバカだと言ったけど、とくに本書を読んでくれている若者に手本にしてほしいなと思ったのは、西野くんが、**会社の顧問《こもん》を3日で辞めたこと**です。

経緯はぼくからは説明しませんが、西野くんに対して決定的な無礼があった。**西野くんはそこに留まることを「違う」と感じた。速攻で離れた。**あの決断と速度感を、若い世代には見習ってほしいと思います。

あのとき、かなり多くの人が批判したみたいですね。その中には、事業家で「常識に縛《しば》られるな！」というメッセージをいつも発信しているような人も含まれていたと聞きました。**ふだんは「常識に縛《しば》られるな！」と言いながら、「3日で辞めるなんて常識がないだろう」と言ったと。**矛盾してますよね。つまりそこで、馬脚を現した人がいた。そいつは、イノベイターのふりをしながら本当はただの小利口だったわけです。

ブラック企業に対して、以前よりも批判の声は強くなってきましたが、それでも世の中には、そういう体質の企業はまだ山ほどあります。**「サラリーマンの25%が、自分の会社はブラック企業だと思っている」**という説もある。**そんな会社、辞めればいい。西野くんと同じ速度で。**

それでもブラック企業を辞められない人たちがなんて言うかといったら、ざっとこんなところでしょう。

「まわりの目が」「親が辞めるなと言ってくる」「3年はいないと職歴に傷がつくって本に書いてあった」「せっかく就職できたのに次が見つかるか不安」「転職先を先に見つけてからじゃないと」

これらのうちひとつでも、西野くんの頭をよぎったと思いますか？ そんな意見を理由に、西野くんは顧問《こもん》に留まりましたか？

自分の直感や違和感を大事にして、決定的に違うと思ったなら、すぐに行動すること。あなたが違和感に気づいているのに、それでもそこに留まりつづけても、時間の無駄にしかならない。

会社を辞めた後、常識に縛《しば》られたバカはいろんなことを言ってくるかもしれない。でもそれは、単に無視すればいい声。それこそ、**バカの声と付き合うな。** 西野くんが顧問《こもん》を辞めたあと、それを批判した人たちの声によって、西野くんはなにか行動を変えたか。まったく変えていないでしょう。**それまで同様に自分の道を行っている。**

そこまで含めて、西野くんを見習ってほしいと思いますね。

西野亮廣は、利口である

西野くんって、頭いいですよね。

西野くんは、速い。それはすなわち、西野くんは頭がいいということです。**頭がいいということは、速いということなんです。**

IQがどんなに高くても、ひとつのことを考えるのに付随して、余計な不必要なことも考えてしまうから速度が出ないというタイプの人もいる。パソコンでいえば、メモリとかのスペックは高いのに、要らないアプリを常時たくさん立ち上げっぱなしだから、肝心のメイン作業のパフォーマンスが低い、みたいな。

それに対して、スペックはわからないけど、**デスクトップがシンプルで、そのつどメイン作業のアプリだけ立ち上げるからパフォーマンスが高いというタイプ。**次々に仕事をこなしていくから、端からはマルチタスクで同時並行しているように見えるけど、マルチタスクではない。集中の対象が次々に入れ替わってるだけで、実は無駄がない。

いわば西野くんは、後者のタイプです。というか、**人間の頭のスペックなんて、東大卒だろうが中学卒だろうがそんなに差はないんです。地頭力なんて幻想。**人間な時点で人間に可能な程度の振れ幅しかない。記憶力だけで言えば、人類全員、そのへんのパソコンよりバカでしょ？(笑)

だからこそ、**余計な思考を捨てることが即、頭のよさにつながるんです。**頭のいい人は、後者のタイプがほとんど。

西野くんの思考は、ノイズがない。結果、速いし、また**意見も簡潔です。**彼とのＬＩＮＥチャットを見せられるなら一目瞭然《いちもくりょうぜん》なんだけど、キャッチボールが速くて必要なことがすぐに決まっていく。

彼と自然に付き合えている最大の理由がこれですね。速度が合う。

必要な、本質的なポイントだけを指摘するのがうまいんですよね。

◀西野は「失敗するかもしれない可能性」に縛られない。
だから決断と行動が速い。とことん自由を楽しんでいる

たとえば、本書はぼくと西野くんの共著だけど、直接会って対談するという形式ではなくて、**別々に書いてそれをつきあわせようというアイディアを出したのは西野くんです**。

的確なやり方だったと思います。どんなバカと付き合っちゃいけないかなんて、ぼくと西野くんにとっては当たり前の共通前提すぎて、改めて話すまでもないんですよね。**「頭で考えるよりまず行動しろ」なんて、ぼくらにとっては前提すぎることなんです**。それは読んでもらった通り。西野くんとはもともと動き方が近いから、見ている方向も近い。

だから彼と会っているとき、どんなやつがダメなバカかという話なんてしたことがない。というか**彼の愚痴《ぐち》を聞いたことがない**。彼も時間効率意識が優れているから、愚痴《ぐち》に生産性がないことだって自明の前提で、そんな話をしてくるわけがない。

そんなことよりも話したいことがたくさんある。あれが面白い、こんなことをやりたい、こんなプロジェクトができそう、とか。今日もそんな話をＬＩＮ

Eでしたところです。

実際に会って対談してたら、この本の企画なんて忘れて、そういう話してただろうね。だから西野くんの采配でこの本の編集者が助けられてると思いますよ（笑）。

そこまで見越して考えるというか、そういう勘が鋭い。**個別の相手を見ながら全体をディレクションするのがうまい**。

西野くんは、まず自分が動くし、それが目立つから、自分個人が走るタイプ、つまりプレイヤー気質に見えてるだろうけど、実はプロデューサーのセンスも優れた人だと思いますよ。**プレイヤーとプロデューサーを両方できるタイプ**。

マラドーナみたいな？　マラドーナが実際どうなのか知らないけど（笑）。

西野亮廣は、聞き上手である

ぼくは結局、他人に興味がないんですよね。自分がやりたいことをやって、その中で出会う人たちと付き合うだけで十分。**知り合いなんて増やしたくない**。新幹線とかで「ファンです」と握手を求められても自分の時間を無駄にとるなと思っちゃう。「俺の話を聞いてくれ！」って言われても、お前は満足するかもしれないけど俺のほうはなにも得るものないんだぞ、他人の時間をとるんじゃねえって。

西野くんと一番違うところはこういうところなんでしょうね。実際、彼は握手とか拒否しないんでしょ？　**200人全員の話を8時間聞くなんて、ぼくにはぜったい無理です**。正直、なんでそんなことやろうと思うのかまったく共感できない（笑）。

彼だって、やりたいことが目の前に無数にあって、**ぼくと同じように1日が**

24時間じゃ足りないと思っているのは明らか。またさまざまな活動の中でいっしょに走れる仲間がすでにたくさんいるのも同じでしょう。

その上で、わざわざ時間を割いてまで、それ以上の人とコミュニケーションをとろうとするモチベーションがあるということですよね。

そのあたりの差なんだと思うけど、**やっぱり西野くんのほうが、普通の人のことを知っていると思います**。

普通の人、つまり社会のボリュームゾーンを担っている中間層の人たちが、なににこだわったり、引っかかったりしているかということを、西野くんのほうがナチュラルにわかっているように見える。

いっしょにプロジェクトをするために話していて、彼の意見から「あ、普通の人ってそういうこと考えてるんだ」って学ばされたことも多いんですよ。近年西野くんと付き合うようになって、**ぼくも彼を通して、普通の人に前より詳しくなったかもしれない**。

西野くんは漫才をやったり、絵本を作ったり、**自分の表現を発信したい人**ですよね。アウトプットの人。そのはずなんだけど、彼とぼくの共通の知り合いがみんな口々に言うのが、**西野くんは聞き上手だということ。**会話していても、彼よりも自分のほうが話してしまうんだと。

あれだけ人と話しているなら、中には思考と会話のテンポが遅い人もいるでしょう。西野くんの本来のテンポはかなり速いけど、**聞き役をやるときには自分と違うテンポにも合わせてあげられる**んでしょうね。

その人の持っているスピードって、生理的感覚みたいなものだから、本来変えられないじゃないですか。というか、ぼくにとってはそういうものだけど、なにかそのへんが柔軟なんだろうな。**ぼくにはない能力です。**

目線を落としてちゃんと普通の人の話を聞くことを怠らないって、**田中角栄**の話をしてるみたいだけど（笑）。

実際、理想的な政治家の姿というか、「ネットもわからない、普通の人の話も聞かない」という**いまの政治家より、西野くんのほうが政治に向いてるんじ**

やないですか。現代のリテラシーを持った上で、アナログなコミュニケーションにも付き合ってくれるんだから。

「どんな能力でも、1万時間を投じれば100人にひとりのレベルになれる」。本書でそう述べましたし、時間コスト意識の高い彼のことだから、そこになにかがあると思ってコミュニケーションをしつづけているんでしょう。そしてかけた時間の分だけ、**ぼくにはない能力をいままで以上に獲得していくんでしょうね**。

西野亮廣は、芸人である

ここ数年、西野くんといっしょに企画をやったり、付き合いが密になって、彼からたくさん刺激をもらっています。

ただ、本書で繰り返している「現在を生きろ」というメッセージの通り、ぼ

くは現在を楽しんでいるだけだから、未来のことはわからない。**未来に、西野くんとどれくらい付き合っているかはわからない**。

そもそも、あるとき「付き合いましょう」と言って付き合いはじめたわけではない。彼にかぎらず、いま同じ方向を向いている誰彼もみんなそうですけどね。結婚制度でお互いの未来を束縛することも批判してるくらいなんで、関係性に名前をつけたりする必要はない。「付き合う」とさえ言う必要ない。

あえて言語化するなら、西野くんを含めたいままわりにいる人たちは、**「同じ時間を、同じ速度で生きられる人たち」**。そこが強く共通している。逆に言えば、そこさえシンクロしていれば、ほかの考え方は違っても、いっしょに走ることができる。**眠たくてウェットな連帯意識とかではないんです**。

だから、物事の考え方で似ていたり共通する部分も多いけど、すべてがそうではないし、ここに書いたように、自分にはあんまり理解できない部分もある。たとえば、**ぼくはお笑いにはあんまり興味ないいんですね**。「R－1ぐらんぷり」に出場しておいてなんですけど（笑）。

ぼくは、年に最低3回はやったことのないチャレンジングな企画をやることにしているんです。「R-1ぐらんぷり」出場はそのひとつですね。ビジネスとは違った、自分の理解できないものを、実際に自分で経験してみる。そこに、**予測不能な経験や知見を期待して**、ここ数年そうするようにしています。

そして、西野くんはいまでこそ多角的な活動で知られているけど、元はお笑い芸人です。キングコングとして劇場に立つことはずっと一貫して続けていて、忙しくなったいまも欠かしていない。**やはり芸にひとつの軸があるのかなと思います**。

そんな西野くんがいま近くにいる。冷静によく考えてみると、西野くんはまわりの中でも、存在感がひときわ謎めいているんですよね。**自然とここにいるけど、別の場所にも自然にいそう**、というか。

それは、**彼が芸人であり、笑いを大事にする人だから**なのかな、と考えるときがあります。

この本は『バカとつき合うな』というタイトルですが、**ぼく個人のこととし**

て言うなら、正確には『バカとつき合えない』なんですよね。バカとは、がんばって付き合おうとしても、無理。ぼくにはできないんですよ。

ただ西野くんは、バカに付き合って時間をとられることは嫌いながらも、その気になれば、**バカと付き合うこともできる気がするんですよね**。バカのほうも、西野くんになら壁を作らず寄ってこられるかもしれない。

江戸時代、芸人だけは特別に、芸をやれば通行手形がなくても関所を通れたそうです。社会のシステムから外された例外であって、その代わりに、場所的には社会のどこへでもアクセスできた。

システムの外にいるから、俯瞰するようにシステム全体が見渡せて、その問題点や改善点に気づくことができる。ここまでならぼくも同じ力を持っていると言えるけれども、**それに加えて、社会のどの階層や集団にも入っていける**。西野くんの身のこなしに、そういうものを感じるときがあります。

江戸時代以来の、本来の芸人としてのポテンシャルを持ち、そして活かしているのが西野亮廣だ。そんなふうに言えるのかもしれませんね。

まとめ

「いま見習うべきバカ」西野亮廣は、バットを振りまくる。

賢く速い西野は、プレイヤーとプロデューサーの気質を併せ持つ。

速度も目線もコントロールできる西野は、政治家向きかもしれない。

西野は、社会を見渡し、社会のどこへでもアクセスする芸人。

西野  亮廣

堀江貴文という「バカ」

堀江貴文は、バカである

では改めて、堀江貴文というバカについて語りたいと思います。


堀江貴文は、バカです。

以前、ＤＪバスという企画をやりました。堀江さんは、バスの中でＤＪをやっている音に合わせて、バスの外で、通行人が溢《あふ》れる街中で、ＤＡＰＵＭＰの「U.S.A.」を全力で踊るんです。


バカでしょ。

堀江さん、ダンス得意じゃないんですよ。別にうまくもないし、踊れていないんだけど、率先して先陣を切って、全力で踊った。あの人はいつもどんな場面でも、**生まれながらのファーストペンギン**なんです。

最初に出ていく人はうまくなくていい。そのほうが後に続く人がやりやすい。

そこまで堀江さんはわかっててやっていたと思いますね。

あの人、「俺は他人に興味がない」っていつも言っているけど、**その実、他人の心理を誰よりもずっとよくわかっている人です。**

だから堀江さんは、ホリエモンをやるんです。矢沢永吉が永ちゃんをやるのと同じです。堀江さんを頼ってくる人、ホリエモンに背中を押してほしい人の気持ちを本当は一番よくわかっている。「ホリエモンならきっとこう言ってくれるはずだ」っていう期待に、その通りに応えてあげようとする。

だからいわば、**職業ホリエモン。**


それは、**口当たりのいいことを言ってあげるということとはまったく違う**と思います。

この本は『バカとつき合うな』というタイトルで、いろんなバカの要素を指摘していっています。だけど実は、**人間は、そんなにバカじゃない。**「バカじゃない」というのはどういうことかというと、人はわりと、自分のバカな部分を自覚しているということです。

自分は完璧《かんぺき》ではなくて、弱い部分もある。つまり、バカな自分もいる。そのことをわかっている。**その時点で、その人は本当のバカではないんです。**

そんな人は、自分のバカな側面を克服したいと思っている。だから、堀江さんに喝破されたいと思っている。

堀江さんはいろんなものごとを否定します。こういうやつはバカだ、と言い切る。具体的な行動を挙げて、どういう行動が無駄でバカらしいかをバッサリ指摘する。

だけど、よく読んでみると、そういう否定の言葉って、具体的な行動は否定しているものの、**「こういう人間はダメだ」って、個人を全人格的に否定するような言葉ではない**んですよね。

学歴主義を否定しているけれど、「大学を卒業している人間は全員クソ」とか、個人にとっては変えがたい、すでに持ってしまっているスペックを全否定するようなことは案外言ってない。

「お前は変われる。バカな部分もある、だけどそれは変えられるものだ、諦めるな」

そう言いつづけているように聞こえます。

堀江さんの言葉を求める人、つまり堀江さんに背中を押してもらいたがっている人は、自覚なしに無意識に、そういう**堀江さんの寛容《かんよう》さ**を直感的に理解して、彼のもとに集ってきているんじゃないかと思います。

毒蝮三太夫《どくまむしさんだゆう》さんは、歳をとったおばさんの、おばさんらしいところをいじる。老いて劣化することをいじりまくっているのに、その当事者であるおばさんたちにすごく支持されている。

でも毒蝮《どくまむし》さんのいじりって、「変えられない、もう戻れない部分への同情」みたいなものが強くありますよね。同情という愛情。諦めに寄り添ってあげるというか。毒蝮《どくまむし》さん自身いいご年齢なわけであって、あれは翻訳するなら、「老いていくことは避けられないけど、いっしょに楽しく老いていこうぜ」というメッセージです。**優しい諦め。**

それに対して堀江さんはどうか。

堀江さんの根本のメッセージは、これだと思います。

「諦めるな」

具体的にはいろんなことを否定しながらも、彼が繰り返し言っているのは、「お前は変われる」ということです。

だから、変わりたい人、現状を自分の限界だと思いたくない人、自分を諦めたくない人が集まってくる。

そして、堀江さん本人が、そのことを誰よりも一番わかっている。

堀江貴文は、母である

堀江さんは厳しい父親のような人だ。表面的な言葉のきつさからそう思う人もいるかもしれない。

でも**ぼくにはそんなふうには見えませんね**。彼はむしろ、自分を頼ってくる人の気持ちに寄り添ってあげる、包容力のある母親の役をやり続けているように見える。

だから、堀江貴文が演じるホリエモンは、母だと思います。

あえて厳しい言い方をするなら、ホリエモンの支持者は、ホリエモンという母親の理解力に「甘えている」とも言えると思う。

堀江貴文とホリエモン。

「堀江さんがホリエモンを演じている」と言ったけれども、それは必ずしも、ホリエモンが嘘の人格で、真実の堀江貴文の人格を隠しているということではありません。

堀江貴文もホリエモンも、どちらも真実の彼なのだと思います。

メディアに出るときは、職業ホリエモンのモードだから、言いたいことを遠慮なく言って、空気を読まず既存の価値観を否定していく。なんでもバシバシ断言していく語調の強さから、あのホリエモンの存在感に攻撃性を感じる人もいるかもしれない。

でも、その実、そうではない。あれはやっぱり、堀江さんを慕ってくる人たち、つまり旧来的な上世代の価値観によっては否定されてしまう新しい世代の感性を守るために、必死に戦っているということなんだと思います。**あれは攻撃ではなくて、本質的には防戦です。ひな鳥を守る親鳥と同じに**。

やっぱりそれは、昨日今日のことではないからだと思います。

いまでこそメディアや大衆の前でもチャーミングなところを見せるようになったけど、**あの人はずっと、戦っていた人です**。

ぼくと堀江さんは9歳違い。世代は多少違うけど、最初の大きな共通点としては、**一番テレビメディアに出ていた時期が同じ**ということがあります。

ぼくが、むやみに手探りでテレビに出まくって、『はねるのトびら』も好調だった2000年代前半。**同じ時期にニュースを賑わせていたのが、堀江貴文その人でした**。

球団を買おうとして、フジテレビを買おうとして、**社会のルールを変えようとしていた**。まだそのころのぼくは、敷かれたルールの中でがむしゃらに戦うことしか知らなかったのに。そのころにもう、堀江さんは日本社会のルールを書き換えようとしていた。

年齢こそ違うから仕方なかったとは思うものの、同じ時代を生きたものとして、**正直、嫉妬《しっと》は感じますね**。

そして堀江さんがルールを書き換えようとするのは、自分個人の利益のためなんかじゃなかったと思います。**自分の後に続く新しい世代が、息苦しさを感じずに、より自由に行動していけるように**。その下地として、彼はルールを書き換えなければいけないと考えていたと思う。

テレビの現状がどうの、インターネットがどうの、という具体的な話は瑣末《さまつ》な問題。**「行動すれば、世の中は変えられる」**ということを、後続の世代に対して示したかったんじゃないかと思います。

その意味で、**彼はやはり、新しい世代を背負っていた**。

それが、ぼくの思うホリエモンです。**既存の社会を諦めないことの象徴**だったし、いまもそう。その姿勢は一貫している。

「お前も変わる。社会も変わる」。このメッセージのために、そのメッセージに集まってくる人を守るために、彼は戦いつづけていると思う。

そしてその姿勢は、お前は能力があるからいい、お前はダメ、と選別するようなものではなく、自分を支持する人なら全員を守ってやりたいという気迫に満ちた姿勢に見えました。

ある程度、子どもの優劣を判断するのが父親だとしたら、「自分の子どもであるかぎり、全員を守り抜く」と振る舞うのが母親。**鬼気迫る表情で我が子を守り抜こうとする母親**。そんなイメージをぼくはホリエモンに持っています。

堀江貴文は、少年である

「ホリエモン」が、人や社会が変われる可能性を信じて、それらを見限らない母親的な人格だとしたら、では「堀江貴文」はどうなのか。父親的なのか。

結論から言うと、**堀江貴文は少年ですね**。

メディアや、それを通して自分を支持するたくさんの人の目があるときは母親。それらの目がないときの堀江さんは**とにかく無邪気**なんです。これに尽きます。プライベートで**酔っ払ったときの堀江さんなんて、ほんとダメダメで、ブレブレ**。

あと、**世話好き**。

誰かが話しはじめたら「みんなちゃんと聞こうよ」とか言うし、**急に優しかったり、急に感動屋さんになったりする**。スタッフの誰かがベロベロに酔っ払って寝っ転がり出したら、「しょうがないな〜」とか言って面倒を見たり。テ

ーブルの上に出てる餃子のパックを片付けて、テーブルを拭いて、「片付けないとダメでしょ」みたいな。

もう、ずるい。**そんなん目の前で見たら、ギャップで惹かれちゃうわけですよ**。メディアではあんなに気難しい人みたいになってるホリエモンが、実際に接してみると、無邪気で世話焼きのいいやつって。

彼がメディアに出だしてから、いわゆる世間一般には、ずっと誤解されている状態が続いていると思います。本人も世間の誤解を解こうという気はまったくない。彼らしいコスパ理論ですよね、**誤解を解くために使う時間があるなら、もっとほかのことをしたい**。

それに、堀江さんと直接触れた人は、彼の人柄を知っている。だから世間のイメージで堀江さんを悪く言う人がいたときに、**「いやホリエモンはそうじゃないんだよ」って言いたくなる**。そうやって、堀江さんの味方は彼のスピーカーになっていくんですよね。

だから堀江さん本人がなにもしなくても、ふたり辿れば人脈がつながるくらいの位置にいる人はみんな、堀江さんに悪い先入観を持ってないんじゃないかな。

逆に、ベッキーが叩かれたときに気の毒だったのが、ベッキーは世間一般から「あの子はいい子」というイメージを持たれていたこと。「いやいや本当はいい子なんだよ」って言ってあげる語り部の層をあまり持っていなかったんでしょうね。

結果、ひとつ事件があっただけであんなに叩かれることになってしまって。『革命のファンファーレ』（幻冬舎）で使った用語で言うなら、これは「人気タレント」と「認知タレント」の違い。なにか起こったときには、**認知タレントに対して、世間は冷たくて残酷です**。

ってちょっと話が脇道に逸《そ》れましたけど。

堀江さんが遊ぶときは、無邪気に全力で遊びます。HIU（堀江貴文イノベーション大学校）の活動とか、ロケット開発にかける情熱とか、**全部、素直でストレート**。彼が繰り返し発信している**「やりたいことをやれ！」というメッセージは、嘘偽りなく、彼の本心から出てきているものだと思います**。本当、少年そのものです。

ただ、そういう姿を見ていて思うのは……子どものように純真なんですけど、それがある意味、子どものときにできなかったことを取り返しているようにも見えるんですよね。これは本人を目の前にしたらさすがに言いにくいことですけど。

堀江貴文は、人間である

堀江さんはぼくにとって、すごく尊敬できる人物です。彼があまり言わないことを暴き出すようなことをしたいわけではありません。

その上で、この機会に思っていたことを言わせてもらうなら、堀江さんの中

の、**自由でいることの執着《しゅうちゃく》には、なにか理由があるように思えてしまう。**

堀江貴文は、少年である。それは完全に、肯定的な意味で言っています。彼が発信するメッセージ、「既存の価値観に縛《しば》られるな、やりたいことをやれ」というのも、自分自身が、そういう価値観のために時間を無駄にした経験があって、だからほかの人には同じような経験をしてほしくなくて言っているように聞こえる。

既存のシステム、たとえば学校制度への批判であったり、そういうものは、外側から、高みの見物として言っているのでは説得力がないものだと思います。**彼はやはり、そういう社会のシステムの中に、一度は身を置いた人物です。**東大にまで入学している。**だからこそ、批判に説得力がある。**中高時代を、友だちと単に遊んですごした自分が言うのとは説得力も違うし、覇気も違う。

自分自身が、社会によって、時間を無駄に奪われたという実感が強いんだと思います。だからこそ、後続の若者を同じようにさせたくない、気づいてほしい。その一心で、既存のシステムの批判を繰り返しているんじゃないかと思います。

社会に時間と自由を奪われる。いまの堀江さんやぼくにはそんなことはないけれども、裏を返せば、**いまほどは批判能力と行動力がまだない若いころに難を被《こうむ》りやすい**。だからとりわけ、**少年期だけを奪われる**。そこだけが欠けてしまう。堀江さんにかぎらず、一般的にもある傾向じゃないかと思います。

だから、彼が自分の少年期を奪還するための戦いは、多くの共感を呼ぶ。多くの人が、自分が少年期を奪還した姿を堀江さんに投影しているのかもしれない。

だからパブリックイメージとは違って、堀江さんはぜんぜん孤高の人じゃない。**彼自身のために戦っているようでいて、そのことを通して、多くの人の戦いを代行している**。いろんな人の思いを背負っているように見えるときがあるんですよね。

いま言っていることは、ありふれた言葉で言うと、コンプレックスというやつです。少年期をやりきれなかったというコンプレックス。

堀江さんは以前の本の中で、**自分はコンプレックスの塊のような人間だ**、とも言っている。説明するまでもなく、**コンプレックスとは、武器です。原動力であり、エネルギー源**。

既存の先入観を排して、徹底的に無駄を取り除くという、合理主義的な堀江さんも、もちろん真実の堀江さん。

けれども彼は冷徹なマシーンのようではありえなくて、なぜなら、**彼のコアには、人並みはずれた馬力をもつエンジン**がある。そのエンジンはロジックや合理主義とは関係がない。**徹底した合理主義と、そのコアにある非合理。そのコントラストがあまりにダイナミックで、魅力的なんです**。

付き合えば付き合うほどわかってくるけど、堀江さんほど人間くさい人間って、そういないです。会うたびに「人間だ、人間がいる！」って思うんですよね。

このへんでまとめましょう。

結論。**堀江貴文は、人間である**。

まとめ

実はバカを突き放さない、本当は寛容《かんよう》なホリエモン。

堀江貴文の攻撃性は、ひな鳥を守る親鳥の必死さに通じる。

無邪気で、世話焼きで、感動屋さんの堀江少年。

合理主義のコアにある、人並みはずれた非合理のエンジン。

堀江貴文

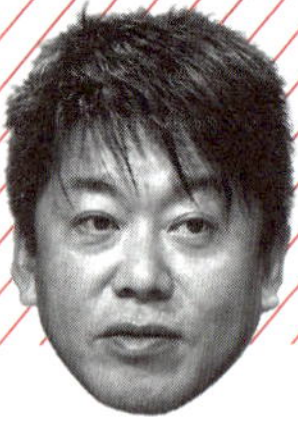

ぼくは「バカ」

小利口だったぼくは、バカになった

堀江貴文、すなわちぼくは、バカです。

西野くんのことを、未来に縛《しば》られずにバッターボックスに立ちまくれるバカ、行動できるバカだと褒めたけど、ぼくもその点で負けるつもりはありません。これだけ「考える前に行動せよ」って言ってるくらいですからね、自分自身もさすがにそうしてるし、それはみなさんもうご存じでしょう。

「どちらのほうが」という比較のライバル意識はないし、**誰かと自分を比べて思い悩む時間があるなら、その時間で行動したい**。ぼくも西野くんもそういうタイプです。

ただ、西野くんは中高時代から大きなことを先に宣言してしまうタイプだったというけど、ぼくは必ずしもそうではなかった。最初からバカだったわけではなくて、**あるときバカになれた**、と言ったほうがいいかもしれない。

たとえば、女の子と話すとき。

男子校の中高を卒業して、大学に入学したてのころ、**同級生の女子と話すだけで、当時のぼくは緊張して声が出なかった**。

ひとことで言えば、**自意識過剰**だったということだし、分析的に言うなら、「自分が言ったことが気が利いていなくて、嫌われてしまったらどうしよう」とか、ネガティブな先の予想ばっかりして、その想像力に縛《しば》られていたんでしょう。

つまり、当時の自分は、この本で批判した**「小利口」**だったということです。**ネガティブな未来の可能性に縛《しば》られていた**。

でも同じ大学1年のころ、**同級生といっしょにヒッチハイクに挑戦したこと**が、重要な経験をもたらしてくれました。いきさつはここでは省略。

いきなり乗せてくれなんて若造が言っても、断られるかもしれない、そして実際断られる。ほとんどはそうだった。けれども、10回やるとひとりは「乗れよ」と言ってくれた。

「断られるかもしれない」と何度考えてもその時間は無駄で、**大事なのはその1回の「乗れよ」に早く出会うこと**。そのために必要なのが、バカになることだった。

このあたりが、**「いいバカ」になる原体験だったと思います**。

小利口だったぼくは、バカになった。

ぼくはこの本をはじめ、いろんな場所で意見を発信してきていますが、それがまったくの無駄なことなのであればやりません。**人は変われる**。それを身をもって知ったからこそ、繰り返しになろうとも、メッセージを発信しつづけています。

悪いバカであることをやめて、いいバカになってください。

プライドという
バカと付き合うな

はい、リップサービスは以上で終わり。

本書のテーマに合わせて、自分というバカについて述べましたが、本当のことを言えば、**ぼくは自分に興味がありません**。自分がバカかどうかなんて、どうだっていい。

自分がバカであるか天才であるか、あるいは普通の人か。

それを定義したところで、誰が得するんでしょうか。それもぼくにとっては「考えてもしょうがないこと」のひとつ。そんなことを考えるのは思考のパフォーマンス低下の理由にしかならない。**無駄**。

自分の定義を追い求めることは、突き詰めると結局、**人からどんなふうに見られているのかを意識しているだけ**にすぎません。そこには、「自分を天才で

あると見てほしい」「自分をいいバカだと思ってほしい」「自分を頭のいい人と思ってほしい」とか、**承認欲求があるだけです**。

昔、**漫画家のみうらじゅんさん**が**「自分なくし」**というキーワードを提案していました。みんな「自分探し」しすぎだ、これからは「自分なくし」だって。「自分とは何者か」なんてどうでもいい。**理由なんて必要なしに、あなたは事実、存在している（ロだけのアンチを除き）**。探さなくてもあなたはそこにいるじゃないですか。

なのに、それとは別に、それでも探さなきゃいけない自分なんて、本当は存在しない自分、つまり、**でっち上げた自分**です。結局それは、他人の目を意識して必要としてるものなんじゃないですか？

それで、「ほかの人がやったことのないことをして自分の個性を確立したい」とか言い出す。**その発想自体がもう、没個性**。発想力がないから、みんな揃いも揃って、**インド行っちゃったりする**。

もしあなたがすでに、でっち上げた自分を持っているとしたら、そんなものは捨ててしまえばいい。**そのでっち上げた自分は必ず、本当のあなたの行動を邪魔します**。それは単に、**プライドの別名**です。

だからぼくに言わせれば、**「自分なくし」というのは、プライドを捨てることです**。プライドというバカと付き合うな。

プライドや、社会に刷り込まれた通念を捨てていけば、個性なんて自然と出てくるものです。**個性とは、あなたがなにかをやりたいと思う気持ちです**。

そして、あなたのやりたいという気持ちに、理由なんて必要ありません。あなたが存在することに理由なんて必要ないのと同じです。

「死」という本当のバカを越えよ

みうらじゅんさんは仏教にも造詣《ぞうけい》が深い人です。「自分なくし」も、いわゆ

る仏教的な「我執から解放されよ」みたいな教義を、みうらさんらしく面白おかしい感じに置き換えたものとも言える。

ぼくは実は、東京大学を中退したときは**文学部宗教学宗教史学専修課程**というところに在籍してました。授業なんてほぼ受けてないし、宗教にも宗教学にもあんまり興味はなかったんですけどね。

ただこうやって考えていくと、自分の考えたことと宗教の言っていることの一部が似ているときはある。

けれども、ぼくと宗教とは、決定的に相容れないものがあります。また、後述しますが、**ぼくは宗教が嫌いです**。

自分はただ現在を生きるだけ。怖いものなんてありません。

唯一怖いことがあるとすれば、**この現在が終わること。つまり、「死」です**。

ぼくの**『多動力』**（幻冬舎）を担当した**編集者の箕輪《みのわ》厚介《こうすけ》くん**が、**『死ぬこと以外かすり傷』**（マガジンハウス）という自著を出版しました。たしか、元はどこかのスナックのママの名言ですよね。ぼくも当然同じ気持ちだし、なにをも恐れないことにおいては負けません。
けれども、裏を返せば、**死ぬことだけはかすり傷じゃない**んですよね。残念ながら。

死を望まないのと同様に、**老いて衰えることも望まない**。
このあたりは西野くんとは違うみたいですね。いかに老いていくかということをいまからすでに考えているというのも、自分と違うところだなと思いました。**ぼくは老いた自分に興味を持てないから**。
ぼくは、自分の身体のパフォーマンスがもっともいい状態で生きつづけたい。だから**『健康の結論』**（KADOKAWA）という本では、健康寿命をどう延ばすかという話をしているし、**予防医療普及協会の発起人**もやっています。

ある種の宗教は「自然に身を任せよ。老いを受け入れ、死を受け入れよ」と言うでしょう。というか、多くの宗教は、表面的な言い方こそ違うものの、だいたいそういうことを言っていますよね。

◀怖いものなんてない。唯一あるとすれば、この現在が終わること。つまり「死」だ。ぼくは、ずっと生きたいし、老いたくもない。そしてそれはきっと可能だ

「死にたくない、老いたくないと思うのは煩悩であって、そういう執着《しゅうちゃく》は捨てなければならない」とかね。

ここが宗教ともっとも相容《あいい》れない点。**うるせーよ**という話です。宗教なんかに偉そうに口出しされたくない。

ぼくは宗教が嫌いです。

以前ぼくは「すべての宗教は危険である」とツイートして炎上しました。いまでも考えは変わらないし、**みなさんにはすべての宗教は警戒してほしいと思っています**。

その最大の理由は、実は本書の中で西野くんが書いてくれています。「自分の善意を疑わないバカ」。西野くんが書いている通り、**善や正義は恐ろしい**。**それは必ず思考停止を生むから**。宗教は、善や正義を作り出すものです。そして思考停止が生まれ、場合によっては暴力さえをも肯定してしまう。歴史が証明している通りです。

話を戻しましょう。

ぼくは、生きたい。老いたくない。だから抗老化《こうろうか》のサプリ、NMN（ニコチンアミド・モノヌクレオチド）も飲んでいる。**死に抗うための新しいテクノロジーが出てきたら、ぼくは喜んで試すでしょう。**もちろん技術の質を精査する必要はあるけど、そのために有用な医学のネットワークもぼくはすでに準備している。

たしかに人類にとって長らく、死は避けられないものだった。それを精神的に克服するために、それを「受け入れる」ことを宗教が説いたという側面はあったでしょう。

でもいまは、人類史上、死に抗うテクノロジーがもっとも進化している時代です。**ぼくは、精神的にではなく、物理的に死を克服したい。**

死に支配されるのが、癪《しゃく》なんです。本書で「人生とは有限の時間のことだ」と述べました。**そんなこと、言いたくて言ってるんじゃない。**

死と老衰から逆算して、保身で現在を決定するのはバカだとも述べました。

みんなに疑問を感じて、考え直してほしくて「バカ」とひとたびは述べましたけど、考え方を変えれば、死がなければ誰もそんな保身はしないわけです。**死なんかがあるせいで人はバカになる**。だから、悪いのは死です。擬人化して言うなら、**本当のバカは、死です**。

未来を考えず現在だけを生きろというのは、「死」の存在を無視しろということでもあります。**お前なんか関係ねーよって、死を突き放しているんです**。「自分は人類すべてに例外なく、影響を与えられる存在だなんて思い上がってんじゃねえ。**少なくとも俺は、お前がさも存在しないかのように生きてやる**」。死に対して、ぼくはこう言っているわけです。

生とは「自分の時間」です。そして、**生は必ず死に影響されなければいけないなんて決まってない**。なのに、新幹線で話しかけてくる他人よりもずっと、ぼくの「自分の時間」に影響しようとしてくる**外敵**。それこそが、死なんです。

死を避けられると本当に思ってるとしたら、堀江貴文はバカだ。そう思いたい人はそう思ってくれて結構。宗教お得意の思考停止にまんまと引っかかってる人だな、**バカだな**、と思うだけです。

ぼくはやりたいことをやります。**ぼくは死に影響されない生の時間を生きたい。**

だから、現在を生きて、死を遠ざけるテクノロジーに期待しつづけます。

親愛なるバカ《あなた》へ

では締めに代えて、最後に、**あなたというバカ**について。

ここまで読んでくれたあなた。バカで聡明なあなた。西野くんのようでも、ぼくのようでもあるあなた。

そんなあなたならもう気づいているかもしれません。ぼくはさっき、「自分

のことを語るなんて意味がない、興味ない」と言ったばかりですが、**実は本書ではずっと、自分について語ってきています。**

堀江貴文とはなにか。それは、ぼくの行動と思考のことです。
西野亮廣とはなにか。それは、西野くんの行動と思考のことです。

いわゆる「自分語り」みたいなものは必要ない。身長体重、資産だとか、そんなものも関係ない。
ただ行動と思考だけが自分自身です。この本を通して、ぼくは自分についてあなたに全部開示した。あなたはすでに、ぼくについてすごく詳しい。

ずいぶんたくさん語ってきましたが、**ここに書いてあることは全部、テイクフリーです。**
好きなだけそのまま、自分のものにしてください。あなたの思考にしてください。

悪い部分を取り除くことに、いい部分を伸ばすことに使ってください。そうして、**悪いバカをやめていいいバカになってください**。

「行動と思考がその人自身なのなら、思考を真似したら、自分が堀江や西野になってしまうんじゃないか？」

断言しますが、ぜったいにそうはなりません。いいバカになって、自由になったあなたは必ず、ぼくとも西野くんとも似ていない、**自分だけの行動をとることができるから**。

そしてあなたの行動は、あなたに新しい思考を必ずもたらす。その思考が次の行動を生む。フィードバックの始まりです。

そうしてあなただけの「行動と思考」が生まれる。

すなわち、**新しいあなたの誕生**です。

だから真似することは、個性を育てるんです。

いいと思ったことは、好きに自由に、真似る。パクる。人と違うことをしなければと考える「自分探し」とは逆の道ですね。
これが最後まで読んでくれたあなたへの**最後のアドバイス**です。

「他人にも自分にも興味がない」と言いながらアドバイスをする、わりとお節介だな、矛盾してるな、と思った人もいるかもしれない。
どうなんでしょうね。まあ矛盾なのかもしれませんね。ひとつ言えるのは、その矛盾について言い訳するために、ぼくの時間を割くつもりはないということです。

何度も繰り返した通り、ぼくはやりたいことをやっているだけです。
ぼくは、あなたに伝えたいと思った。
だから伝えた。それだけです。

ま と め

小利口だったぼくはバカになった。
人は変われる。

「自分探し」なんてしなくても、
あなたはどうしたって存在している。

人間をバカにする「死」のことなんて、
突き放してやれ。

真似ることが個性を育てる。
思う存分、真似していこう。

西野亮廣

ぼくも「バカ」

バカだったおかげで、考える力を得た

西野亮廣、すなわちぼくは、バカです。

昨日今日じゃなくて、もうずっと、**生まれたときからバカ**。

「**自分を追い込むために先に宣言しちゃったほうがいい、そうしたら天才になるしかなくなるから**」と書きましたが、まあぶっちゃけ、これは後付けの理屈ですね（笑）。自分が実際にやってしまうことを振り返ってみて、あとから成功のヒケツみたいにまとめたものにすぎません。

だって、もう小学校のときから、みんなの前で「これをやる！」ってすぐ宣言しちゃう子だったので。子どものときから、**後先を考えないバカ**だったんです。

ただ、夏目漱石の『坊っちゃん』の主人公は「親譲《おやゆず》りの無鉄砲で小供の時から損ばかりしている」と言ってますけど、ぼくはまったく逆だった。**「無鉄砲で、**

小供の時から得ばかりしている」。

バカだったおかげで得られた最大のものは、考える力だと思います。ある意味、**バカは頭がよくなるんです**。

「言っちゃった……」って少し後悔しながら、宣言を本当にするためにずっとあれこれ考える。そういうことを繰り返すうちに、徹底的に考える癖がついたんだと思います。

つまり、**バカなのが先にあって、ロジカルシンキングが後からついてきた**。そのあたり、堀江さんとは順番が違うのかもしれませんね。

自分がバカなせいで、ずっと考えなきゃいけなくなって、ずっとそれをやってきたせいなんですかね。いつの間にか、**考えること自体がすごく好きになっていましたね**。

世の中がどうしてこういう仕組みになっているのかについて、ぼくはいつも考えています。飲み屋に行って仲間や後輩と飲んでいてもそういう話ばっかりしちゃうんです。

オンラインサロン（西野亮廣エンタメ研究所）に入ってくれた人の多くは最初、ぼくの記事の投稿頻度がすごく高いことに驚きます。ただ、それもあくまで考えていることの一部。思考でパンパンになった頭のガス抜きをするように記事を書いているところもある。

そうして発信すると、サロンメンバーのみんながたくさんの意見を返してくれて、それが、次の思考をもたらしてくれる。

人間ひとりの頭のキャパシティなんて、たかが知れています。いまのぼくに関しては、サロンメンバーがいっしょに考えてくれるおかげで、普通の人よりも思考の絶対量が多い状態を作れていると思います。**自分が考えること、人の考えを聞くこと、それを発信することが全部、すっかり一緒くたになっている**状態ですね。

ぼくは、これをやる！とすぐに宣言してしまうし、実際に行動するし、いろんな場所に足を運ぶ。ぼくのことを、いわゆる「考えるより行動派」として認識している人は、とくに一般の方には多いんじゃないかと思います。

ぼくはたしかに行動派です。ただしぼくの行動の半分以上は、情報収集なんですね。

情報は、自分自身が行動することによってしか集まってきません。だから行動するし、そのことでよりたくさんの情報を集めようとしている。**情報があればもっと思考できる**から。それは本書の最初のほうで堀江さんが書いている通り。

「考えるより行動」じゃなくて「行動することで考えている」んです。

バカは、後先は考えないのに、ほかのことは人一倍考えている。

自分がそうだったから言えることですが、こういうバカも世の中にはけっこういる。

言っちゃうと、**堀江さんも結局そうじゃないですか。**「未来を予測するな!」と言いながら、めっちゃいろんなことを考えている。この本を読めば瞭然《りょうぜん》ですよね。

ひとりの人生の時間を超えるロマン

ぼくと堀江さんは共通するところも多いですが、ここではあえて、**堀江さんとの相違点**について書いてみたいと思います。本質的なテーマは**「表現と時間」**です。

堀江さんの**『多動力』**（幻冬舎）の第3章のタイトルはこう。**「サルのようにハマり、鳩のように飽きよ」**。

いまそのときに興味があることをやれ。長い修練は要らない、アマチュアでいい。どんどんハマって、そしてどんどん飽きていけ。そのほうがクリエイティブで、多動力的だと。

完全同意です。本書ですでに書いた通り、ぼくも興味を持ったら新しい物事に次々にチャレンジしてきました。

ただしぼくは、その一方で、**長い時間をかけてひとつのことをやることにも、すごく興味があるんです**。そもそも、いまだに「にわか」とか言ってくる外野の人がいますけど、絵本を描くことはもう10年以上続けていますから。お笑いはもう18年になります。


それは、**ひとりの人間の人生に収まらない創造のスケールに興味がある**ということでもあります。

最たる例のひとつが、スペインの大教会「**サグラダ・ファミリア**」。建設を始めたのは19世紀の1882年。すでに140年近く作りつづけているのに、**まだ完成しない**。

着工したときに参加した人はとっくに全員亡くなっている。あと10年くらいで完成すると言っているけど、いま建設に関わっている人に、ゼロから関わっている人はひとりもおらず、途中参加の人たちだけ。

関係者のライフタイムを、創作の時間が超えてしまっているんですよね。

これが小説のような、ひとりで完結する創作だったらこうはならない。一生をかけて一作の小説を書きつづけた作家もいますけど、それも含めて、**その創作の時間は、必ずひとりの人間のライフタイムに収まる**。たいていは、その人の**「人生の中の数年の成果」**となる。

そのせいで、「初期作品」「晩年の様式」とかいって、**表現が、作家の人生の中の一時期を示すメタファーになってしまう**んですよね。青年期らしい作品とか、この作家の晩年の円熟を示している、とか。

それだったら、ある小説はつねに、その作家本人の人生よりもスケールが小さいみたいじゃないですか。

絵本**『えんとつ町のプペル』**を、「西野の30代中盤らしい葛藤《かっとう》が表現された絵本だ」とか評されたら、ぼくはブチ切れますね。表現には、流行や時代性や、ぼくの人生なんかには収まらない、**もっと普遍的《ふへんてき》なメッセージを込めたいんです**。

ぼくは**「ディズニーを倒す」**と豪語していますが、ディズニーをライバル視する理由のひとつも、このあたりに関係します。

ウォルト・ディズニーはもうとっくに死んでいるわけです。でもディズニー社の新作映画が発表されつづけていて、それらはすべてディズニー的。過去作品のアーカイブは増える一方なわけだから、「ディズニー的なもの」が世界に対して持つ影響力は、ディズニー本人の生前以上に増しつづけている。

「死せる孔明《こうめい》、生ける仲達《ちゅうたつ》を走らす」という故事成語がありますが、それを地でいっています。**ウォルト・ディズニーは、自分のライフタイムを超える長い期間にわたって、自分の表現を世に送り出しつづけているんです。**

いまぼくは、町を作っていますが、それもこの話に同様に関係してきますね。

いま、日本国内のあるところに、**『えんとつ町のプペル』美術館**を中心とした**「えんとつ町」**を作ろうとしています。町はひとりでは作れない。たくさんのサロンメンバーといっしょに話を進めています。

そして、ぼくたちは、この町の誕生までをプロデュースするけど、町は、そこで完成して終わりではありません。**むしろ始まりです**。そこから先、ぼくたちが作った町は、人間のライフタイム以上の長い時間を生きていきます。

地域とはそういうものです。

東京は、いま生きている日本人全員が生まれる前から東京だったし、ぼくらのライフタイムが終わったあとにも、東京でありつづけるでしょう。文字通り、ひとりの人間の時間に収まらないスケール。**そこには、ロマンがあります**。

笑いの本質、身体の本質

堀江さんがぼくを**「江戸時代以来の本来の芸人のあり方」**と評価してくれたことを、すごく嬉しく思います。本当に嬉しい。

ぼくは、ここ何十年レベルの常識にはいっさい興味がなくて、表層の部分は、世の中の流れに合わせてどんどん変わっていけばいいと思っています。けれど

も、**時代を越えた、物事の普遍的《ふへんてき》な本質**にはすごく興味があるから。

芸人の本質、さらには、**笑いの本質**って、なんでしょうか。

まず、芸人のルーツをさらに遡るなら、日本神話に出てくる芸能の女神、**アメノウズメ（天鈿女）**がそうなんじゃないかと思います。

太陽の女神、アマテラスオオミカミ（天照大御神）が天《あま》の岩戸《いわと》に引きこもって、世界が闇に包まれてしまった。そのときに、アメノウズメは岩戸の前で踊ってみせて、八百万《やおよろず》の神たちが集まったその場を盛り上げて、アマテラスを岩戸の中から出てこさせた。

このときの踊りというのが、高尚でストイックなものなんかではなくて、**裸踊りだったら**しいんですよね。つまり、**アメノウズメはバカをやった**。それでみんなは笑って、なんだか楽しそうな外の様子が気になるアマテラスが岩戸をやっと開いたという。

アマテラスが出てきて、みんなに光が戻る。それをなしたのが**アメノウズメであり、芸人であり、バカだった**わけです。神さまですけどね（笑）。

古事記や**日本書紀**に描かれる神話の中に、笑いはもうあった。**笑いは人類の誕生とともに、すでにあったん**じゃないかと思います。

なぜなら、猿が、敵を威嚇《いかく》するために「キシーッ!!」って歯をむき出しにして見せるじゃないですか。あくまで一説ですが、あれが笑いのルーツだという話があるそうです。

もし**あの威嚇《いかく》が笑いのルーツ**なのだとして、そこにどんな本質があるのか。その意味は、ぼくはまだ考え中です。**笑いの本質を、ぼくはまだ理解してないと**思っています。

仕事としての「テレビ芸人」は、20代の5年間のうちに完全にやりきりました。けれどもそれは、**本質的な意味で芸人をやりきったということではまったくない**。

「テレビ芸人」には未練はない。飽きたとも言えるでしょう。でも本当の意味で芸人をやることには、なにも飽きを感じないし、まだまだ時間をかけなければいけない。**一生をかけて探るべき大きなテーマ**だろうと思っています。

最後にもうひとつ、ぼくの関心対象を。

それは、**身体**です。

人類、すなわちホモ・サピエンスが生まれたのは25万年前だそうです。想像もつかないレベルの大昔。

なのに、生物種としての進化が、驚くほど少ないそうです。それだけの時間をかければ、環境に適応してキリンの首が伸びたみたいに、遺伝子的にどこかが多少変化してもおかしくないのに。

人類は、文化文明的には、信じられないほどの発展を遂げてきたし、とくにここ100年はあまりに急速です。けれどもその文明を乗りこなす側は、**細部はさておき、全体としては25万年前とそんなに変わってない**。脳の容量とか、関節の構造とか。

この自分の身体が、想像がつかないほどの過去とずっと地続き。だから、身体は、どんな記録物よりも射程の深い歴史にアクセスできるルートだと思うんです。あるいは、**普遍《ふへん》にアクセスするためのルート**と言ってもいいかもしれない。

なので、最新の技術を活用する一方で、**自分の身体で起こっていること**を鋭敏に観察していかなきゃとも思っているんですね。

非科学的なことを言うようだけど、**やっぱ、タモリさんは直接会うと、身体からオーラが出ているんです**。オカルトは警戒しなきゃいけないんですけど、そういうものの本質を知っていきたいですね。

親愛なるあなた《バカ》へ

ここまで読んでくれてありがとうございました。

この本は、このあたりで終わりです。

ここまで読んでくださったあなたにはもう伝わっていると思いますが、**ぼく**

は、人間に興味があります。そして、人間が好きです。
堀江さんも大好きだし、この本を買って読んでくれたあなたのことも好き。
さらには、第1章、第2章で挙げた人たちも、**ある意味全員好きです。**

理由は簡単。**全員バカだから。**

ぼくと堀江さんは似ています。せっかちで生き急いでいるし、だから時間感覚も合うし、なににムカついているかもだいたいわかる。

この本を読んで、あなたにとって共感できることもけっこうあったでしょう。
「あーそれ私もされてムカついたことある！」みたいな。

そんなふうに、この本があなたの気持ちを代弁できているとしたら、**ぼくらとあなたも似ているということです。**

というかたぶん、**人間なんて全員似ているんです。**堀江さんは最後になって「いいバカ」「悪いバカ」ってバカをふたつの概念《がいねん》に割ったりしたけど、そのふたつにどれほどの差があるかなんてわかったもんじゃない。**似たようなものかもしれない。**

でも最後の最後に、ぼくは大事なことを言ったつもりです。

日本で最初の芸人、アメノウズメはバカだった。バカをやって、まわりの人を笑わせて、アマテラスオオミカミを岩戸の外に出て来させて、世界に光を与えた。世界を明るくした。

日本の神話にこんなエピソードがあることを本当に素敵だと思うし、誇りに思います。**いいバカは世界を明るくするんです。**自分が光源かどうかはこの際関係ない。

人間なんて全員お互い似ている。ということは、**あなたは、ぼくにもアメノウズメにも似ている。**

ここで書いた通り、最近のぼくの思考はほとんどサロンの仲間と考えたものだし、サグラダ・ファミリアのようなスケールの大きい表現はすべて、何人もの人たちの共同作業で成り立っています。

その共同作業の際たるもの、最大級のものが、この人類文明なんだと思います。たくさんのバカがそれぞれに、世界を明るくしつづけてきた結果がこの現在なんです。

……最後だからって、でっかくぶち上げすぎたかもしれませんが、まあ、これまでの人にできてきたことだから、ぼくらにもできるでしょう。

お互い、いいバカとして、世界を明るくしていきましょう。

まとめ

ぼくは、後先は考えないけど
ほかのことは人一倍考えるバカ。

人間の寿命に収まらないスケールの表現には、
ロマンがある。

笑いと身体。時代を越えた普《ふ》遍《へん》的《てき》な本質を、
ぼくは追っていく。

ぼくらもあなたも、いいバカとして
世界を明るくしていこう。

おわりに

西野亮廣

子どもの頃、毎日遊んでいました。

カブトムシやクワガタを捕って、セミを捕って、自転車に乗ってひたすら遠くまで行って、漫才ごっこをして、ザリガニ釣りに行って、魚釣りに行って、まったく釣れない日は川に飛び込んで。

そこに『肩書き』はなく、ただただ自分の興味に従って、「今日はドッジボールをしようぜ」「秘密基地を作ろうぜ」で世界が回っていました。

中学生になったあたりから、「こんな日はずっと続かない」という気配が漂ってきて、まもなく、毎日一緒に遊んでいた友達がひとり、またひとりと、自分の人生に「折り合い」をつけていきました。

そして、気がつけば、子どもの頃の調子で遊び続けているのはぼく一人。

「そういうものだ」と言い聞かせて、そのまま芸能界に飛び込んで、ひとりで走っていたら、ぼくと同じように折り合いをつけていない人がポコポコと現れて、いま、仲良くさせてもらっています。


「はとバスってアップデートできそうじゃない？　やってみようぜー」

「村を作ろうぜー」

「ロケットを飛ばすから観に来てよー」

彼らとは毎日この調子です。


そして気がつけば、それらの遊びが世間では「仕事」と呼ばれる代物になっていて、当の本人達は遊びと仕事の境界線がまるでついておらず、小学3年生のような顔をブラ下げて今日も夢中で生きています。

彼らを見ていると、いつも思います。
「あの日、折り合いをつけたアイツは、本当に折り合いをつけなきゃいけなかったのかな？」

本当にやむを得ない事情で、人生に折り合いをつける人もいます。
でも、本当に皆が皆、折り合いをつけなきゃいけなかったのかな？
もしかしたらなにか抜け道はあったんじゃないかな？
そもそも抜け道を探す努力を最後までやったかな？
大多数の「そういうものだ」という声にやられて、思考を停止させていなかったかな？

本書でたびたび登場した「オンラインサロン」は、堀江さんやぼくが、自分達の遊びを続けるための装置として必要だと捉《とら》え、今日も手探りで運営&拡大を続けています。

オンラインサロンがあることで手放さずに済んだ遊びや夢があります。
堀江さんはロケットを飛ばし学校を作り、ぼくは美術館を中心とした町を作っています。

ぼくたちになにか特別な才能があったかというと、そんなことはなくて、子どもの頃から変わらず続けていることは「折り合いをつけない方向で可能性を探る」の一点。

可能性を探ってみた結果、「おお、こうやれば、この問題はクリアできんじゃん！」という解が見つかったので、「ちょっと、皆も試してみてー」と、こうして、おせっかい本を出しています。

堀江さんのツイッターの炎上は、大体が「おせっかい」です。
その文面から聞こえてくるのは、いつもこれです。
「諦めるなよ。その問題は、チョット勉強して、チョット工夫して、チョット踏み出せば、突破できるから」

堀江さんもぼくも、見たいんですよ。
面白い未来を。

だからこうして、そこそこ世間の皆様に叩かれながら、「行ける。行けるよ」と言い続けています。
この本の制作および販売に携わってくださったすべてのスタッフさんも同じ気持ちだと思います。

最後に。

行動してください。
この本を閉じたら、すぐに行動してください。
当然、行動には恐怖や痛みは伴います。

それでも、それら一切を受け止めて、走り続けてくだされば、
きっとぼくらは、どこかの酒場で出会えると思います。
その時は、堀江さんやぼくやぼくらの友人といった、バカとつき合ってください。

面白い未来の話をして、一緒に未来を迎えに行きましょう。
そんな夜を待っています。

本書の中で、いろいろ汚い言葉遣いをしてしまってすみませんでした。
そして、最後までお付き合いくださってありがとうございました。

2018年9月

イラスト	やしろあずき
ブックデザイン	小口翔平＋岩永香穂（tobufune）
カバー・オビ写真	黑田菜月
中面写真	黑田菜月
	イシヅカマコト
	柚木大介
校正	鷗来堂
構成・編集協力	鮎川ぱて@しゅわしゅわP
編集	崔鎬吉（徳間書店）

堀江貴文 ほりえ・たかふみ

1972年福岡県生まれ。実業家。SNS media & consulting株式会社ファウンダー。元ライブドア代表取締役社長CEO。

著書に『ゼロ』『本音で生きる』『多動力』『自分のことだけ考える。』『これからを稼ごう』などがあり、ベストセラー多数。

有料メールマガジン「堀江貴文のブログでは言えない話」は1万数千人の読者を持つ。

また会員制コミュニケーションサロン「堀江貴文イノベーション大学校」も盛況。

宇宙ロケット開発や、スマホアプリのプロデュースなど、多岐にわたって活動中。

堀江貴文イノベーション大学校

西野亮廣 にしの・あきひろ

1980年兵庫県生まれ。芸人。

著書は、絵本に『Dr.インクの星空キネマ』『ジップ&キャンディ ロボットたちのクリスマス』『オルゴールワールド』『えんとつ町のプペル』、小説に『グッド・コマーシャル』、ビジネス書に『魔法のコンパス』『革命のファンファーレ』があり、全作ベストセラーとなる。

オンラインサロン「西野亮廣エンタメ研究所」は会員数1万1000人(2018年9月時点)を突破し、国内最大の規模となっている。

芸能活動の枠を越え、さまざまなビジネス、表現活動を展開中。

西野亮廣エンタメ研究所　会員数1万1000人(2018年9月時点)

バカとつき合《あ》うな

2018年10月31日初刷

著者　堀江貴文《ほりえたかふみ》
西野亮廣《にしのあきひろ》
発行者　平野健一
発行所　株式会社徳間書店
〒141-8202
東京都品川区上大崎3-1-1
目黒セントラルスクエア
電話　編集／03-5403-4344　販売／048-451-5960
振替　00140-0-44392
本文印刷　本郷印刷株式会社
カバー印刷　真生印刷株式会社
製本所　ナショナル製本協同組合

ISBN978-4-19-864705-6